# *Psicologia Nera*

*Manuale di Persuasione Avanzata e Manipolazione Mentale: come coinvolgere, convincere e persuadere*

*Vincenzo Colombo*

*Copyright 2020 – Vincenzo Colombo.*
*Tutti i diritti riservati.*

# Indice:

INTRODUZIONE — 5

1. CHE COS'È LA PERSUASIONE? — 9

2. COME INFLUENZARE E CONVINCERE CHIUNQUE — 30

3. COME INFLUENZARE GLI ALTRI ED ESSERE UN LEADER MIGLIORE — 43

4. COME CONTROLLARE LA MENTE DELLE PERSONE — 51

5. COME VINCERE LE DISCUSSIONI COMUNICANDO IN MODO PERSUASIVO ED EFFICACE — 61

6. COME CAMBIARE LO STATO EMOTIVO DI UNA PERSONA (TECNICHE DI PNL) — 69

7. COME USARE LA COMUNICAZIONE NON VERBALE PER INFLUENZARE LE PERSONE — 79

8. COME PROTEGGERSI DALLA MANIPOLAZIONE ALTRUI — 93

9. LA PERSUASIONE IN ALTRI CONTESTI — 103

CONCLUSIONE — 109

**L'AUTORE CONSIGLIA...** **116**

## Introduzione

A meno che tu non stia lottando per diventare un maestro zen alla pari dei migliori monaci buddisti, c'è praticamente sempre qualcosa che desideri. Potresti desiderare un aumento dal tuo datore di lavoro, una partnership con una nuova attività, o forse solo un dessert gratuito per concludere una cena al ristorante.

Puoi ottenere molte cose nella vita semplicemente convincendo qualcun altro a dartele, ma nessuno ti darà niente senza una buona ragione per farlo. In questo libro, scoprirai come diventare un comunicatore migliore, in grado di persuadere chiunque.

Lo strumento più importante per ottenere ciò che vuoi è la psicologia della persuasione. Il tuo primo passo sarà rimanere fiducioso e proiettare la fiducia che hai in te stesso per tutta la durata dell'interazione. Più sei fiducioso, più le tue argomentazioni convinceranno gli altri e più potente apparirai. La fiducia è facile da fingere e difficile da distinguere, quindi non aver paura se non ti senti sicuro - agisci solo con fiducia e probabilmente sarà abbastanza. L'unica differenza comportamentale significativa tra persuasori e persuasi sta nell'espressione della fiducia.

La fiducia implica che sei già convinto che otterrai ciò che vuoi, il che influenza sottilmente l'altra parte a dartelo. Fai solo attenzione a non estendere eccessivamente la tua dimostrazione di fiducia, altrimenti rischi di allontanare le persone con arroganza.

Le persone sono facilmente persuase dalla logica. La persuasione è il processo per convincere un avversario a cambiare le sue convinzioni e/o il suo comportamento attraverso argomentazioni morali o logiche (piuttosto che tramite la forza bruta). Quando qualcuno è convinto di fare qualcosa, lo farà perché è convinto che sia la cosa giusta o migliore da fare.

Ad esempio, supponi che tu stia convincendo il tuo collega ad assumersi la responsabilità di una delle parti più impegnative di un compito a cui state lavorando insieme. Inizialmente, il tuo collega potrebbe resistere, ma puoi usare un argomento logico per spiegare che lui è meglio attrezzato per gestire quella sezione, il che significa che il compito sarà svolto più velocemente ed efficientemente, facendo apparire entrambi sotto una buona luce e al contempo aiutare l'azienda.

Alcune parole hanno un valore intrinsecamente più elevato di altre e alcune parole hanno associazioni più positive di altre. Ad esempio, "redditizio" è una parola più potente di "buono" e "ragionevole" è una parola più potente di "va bene".

Il tuo obiettivo non è quello di implementare grandi parole nelle tue frasi, ma piuttosto di organizzare le tue frasi per assicurarti che il tuo significato sia presentato con precisione. Nel processo, diventerai un migliore comunicatore, il che ti farà sembrare più intelligente e riflessivo, e quindi più affidabile.

Non puoi sempre convincere il tuo soggetto a darti quello che vuoi al primo tentativo. Se non ci riesci, non ricorrere a suppliche o discussioni. Invece, lascia andare la situazione e riprovaci in un secondo momento.

I tuoi messaggi persuasivi rimarranno nel suo subconscio e la prossima volta che tirerai fuori l'argomento, avrai la possibilità di sembrare più ragionevole (e più persuasivo). Non abbandonare il tuo obiettivo, ma lascia passare del tempo tra i vari tentativi.

Ricorda che la persuasione è un'abilità che può essere affinata e migliorata nel tempo. Non avrai successo la prima volta che metti in pratica queste tattiche (molto probabilmente), ma più spesso le usi, più sarai abile e naturale nella loro esecuzione.

Fai attenzione a non manipolare o maltrattare le persone; invece, il tuo obiettivo dovrebbe essere quello di aiutarli a vedere le cose sotto una luce diversa.

Questo libro ti assisterà nel padroneggiare l'arte della persuasione, aiutandoti a capire di che cosa si tratti e come utilizzarla nel migliore dei modi. Quali sono le abilità necessarie per diventare un persuasore? Come influenzare gli altri ed essere un leader migliore? Che cos'è il *mirroring* e come utilizzarlo? Tutte queste domande, e molte altre, troveranno risposta nel corso di questa semplice lettura che ti darà una panoramica sul concetto della persuasione e su come applicarlo al meglio nella tua vita di tutti i giorni.

## 1. Che cos'è la persuasione?

Quando pensi alla persuasione, cosa ti viene in mente?

Alcune persone potrebbero pensare a messaggi pubblicitari che sollecitano gli spettatori ad acquistare un determinato prodotto mentre altri potrebbero pensare a un candidato politico che cerca di influenzare gli elettori a sceglierlo per la posizione. La persuasione è una forza potente nella vita quotidiana e ha una grande influenza sulla società e sull'intera esistenza. Politica, decisioni governative, mass media, notizie e pubblicità sono tutte influenzate dal potere della persuasione e ci influenzano a loro volta.

A volte ci piace credere di essere immuni alla persuasione. Che abbiamo una naturale capacità di vedere queste tecniche e riconoscerle subito, comprendere la verità in una situazione e giungere a conclusioni da soli. Questo potrebbe essere vero in alcuni scenari, ma la persuasione non è solo un venditore invadente che cerca di venderti un'auto o uno spot televisivo che ti attrae ad acquistare l'ultimo prodotto. La persuasione può essere sottile e il modo in cui rispondiamo a tali influenze può dipendere da una varietà di fattori.

Quando pensiamo alla persuasione, gli esempi negativi sono spesso i primi a venire in mente, ma la persuasione può anche essere usata come una forza positiva. Le campagne di servizio pubblico che sollecitano le persone a riciclare o smettere di fumare sono ottimi esempi di persuasione utilizzata per migliorare la vita delle persone.

*Che cos'è la persuasione?*
Cos'è esattamente la persuasione? In *The Dynamics of Persuasion*, Perloff definisce la persuasione come "... un processo simbolico in cui i comunicatori cercano di convincere altre persone a cambiare i propri atteggiamenti o comportamenti riguardo un problema attraverso la trasmissione di un messaggio in un'atmosfera di libera scelta."

Gli elementi chiave di questa definizione di persuasione sono che:

- La persuasione è simbolica: prevede l'utilizzo di parole, immagini e suoni.
- Implica un tentativo deliberato di influenzare gli altri.

- L'auto-persuasione è fondamentale. Le persone non sono costrette; sono invece libere di scegliere.
- I metodi di trasmissione di messaggi persuasivi possono verificarsi in vari modi, verbalmente e non verbalmente tramite televisione, radio, Internet o comunicazioni faccia a faccia.

*In cosa differisce oggi la persuasione?*
Mentre l'arte e la scienza della persuasione sono state di interesse pubblico fin dai tempi degli antichi Greci, ci sono differenze significative tra il modo in cui la persuasione si verifica oggi e come è avvenuta in passato.

Perloff offre cinque modi principali in cui la persuasione moderna differisce dal passato:

1. Il numero di messaggi persuasivi è cresciuto enormemente. Pensa per un momento a quanti annunci pubblicitari incontri quotidianamente. Secondo varie fonti, il numero di annunci pubblicitari a cui l'adulto medio è esposto ogni giorno varia da circa 300 a oltre 3.000.

2. La comunicazione persuasiva viaggia molto più rapidamente. La televisione, la radio e Internet

aiutano a diffondere messaggi persuasivi molto rapidamente.

3. La persuasione è un business. Oltre alle società che operano esclusivamente a scopi persuasivi (come agenzie pubblicitarie, società di marketing, società di pubbliche relazioni), molte altre imprese fanno affidamento sulla persuasione per vendere beni e servizi.

4. La persuasione contemporanea è molto più sottile. Certo, ci sono molte pubblicità che usano strategie persuasive molto ovvie, ma molti messaggi sono molto più sottili. Ad esempio, le aziende a volte creano con cura un'immagine molto specifica progettata per sollecitare gli spettatori ad acquistare prodotti o servizi al fine di raggiungere lo stile di vita desiderato.

**I principi fondamentali della persuasione**

Nel 1984, il Dr. Robert B. Cialdini scrisse un libro intitolato *Influence: The Psychology of Persuasion*. Da allora è stato ampiamente acclamato come uno dei libri canone nel campo del marketing e della psicologia:

testo da leggere per chiunque sia interessato all'ottimizzazione della comunicazione.

Dei diversi aspetti trattati nel testo, i "6 principi di influenza" di Cialdini sono i più significativi:

- Reciprocità;
- Impegno e coerenza;
- Riprova sociale;
- Autorità;
- Simpatia;
- Scarsità.

Trent'anni dopo la pubblicazione del libro, i principi appena citati sono stati applicati in tanti altri contesti, tra i quali il marketing e le vendite.

Influenzare gli altri è potere. Forse anche un super potere! Immagina di essere in grado di sfruttarlo come un'abilità e poterlo usare quando la situazione lo richiede. Grazie alle ricerche condotte nel corso degli ultimi anni, tutto ciò è più fattibile di quanto si possa pensare.

Per trasformare un semplice utente in consumatore ogni piccolo atto di condizionamento conta tantissimo. Ecco come puoi utilizzare i 6 Principi di persuasione di Cialdini nella tua vita di tutti i giorni:

1. Reciprocità

Uno dei principi base del condizionamento è semplicemente quello di dare ciò che l'utente desidera ricevere. In altre parole, comportarsi bene con gli altri è un buon modo per indurli a fare lo stesso per te.

Ad esempio, per 15 anni dopo il suo famoso esperimento con le cartoline di Natale, Phillip Kunz, professore alla Brigham Young University, ha continuato a ricevere gli auguri di Natale da persone che non conosceva. Sì, persone completamente estranee hanno continuato a inviargli cartoline di Natale.

Perché? Come parte del suo esperimento, Kunz ha scelto 600 persone a caso delle città vicine e ha inviato a ciascuno di loro un saluto di Natale personalizzato. Dopo cinque giorni di silenzio iniziale, sono arrivate più di 200 risposte, alcune lunghe 3-4 pagine. Ora potresti chiederti, cosa ha portato a tali risultati? Quali sono quindi le osservazioni dell'esperimento? Cialdini spiega questo comportamento come un'istanza di obbligo reciproco.

Anche se non lo conoscevano, i soggetti dell'esperimento si sono sentiti in dovere di rispondere a Kunz. Questo è successo perché il professore ha dato loro qualcosa al quale, in qualche modo, dovevano rispondere. I riceventi hanno scelto il modo più diretto e hanno inviato lettere e auguri di Natale.

Anche Adam Grant, professore a Wharton (Pennsylvania), ha svolto ricerche approfondite sui vantaggi dell'aiutare gli altri. Ci sono un paio di modi per far funzionare questa reciprocità: Offrire piccoli doni, trattare il prossimo con rispetto, e fare favori a chi ne ha bisogno sono tutte cose che possono farti guadagnare punti agli occhi degli altri.

Per beneficiare del principio del dare e ricevere, dai generosamente. Crea contenuti utili e regalali gratuitamente così da entrare in contatto con più destinatari possibili, i quali si sentiranno in dover di restituirti il favore.

Potrebbero farlo visitando il tuo sito più spesso (e trasformandosi in lettori fedeli), o forse ricambieranno condividendo il tuo lavoro (e diventando dei followers). Forse restituiranno il favore semplicemente seguendo qualsiasi *Call to Action* che hai nei tuoi contenuti (e alla fine finiranno per acquistare il tuo prodotto o servizio).

È molto importante però non dare con la speranza di ricevere, offri contenuti con un vero spirito di condivisione. Se lo fai, le persone riconosceranno il tuo sforzo e ti obbediranno.

Quindi, un buon approccio è quello di aiutare sempre gli altri ed essere gentile quando ne hai l'opportunità, non sai mai come questo potrebbe aiutarti in futuro: sono questi piccoli atti di gentilezza che saranno ricordati e ti torneranno utili quando avrai bisogno di un favore.

2. Impegno e Coerenza

Hai mai sminuito il valore di una cosa che hai ottenuto gratuitamente, cioè senza pagare nulla in contanti o in altro modo? Se lo hai fatto, non c'è niente di cui sentirti in colpa. È naturale e succede a tutti.

La cosa interessante è che questa indifferenza non ha nulla a che vedere con il contenuto effettivo dell'omaggio, ma è legata al suo valore percepito. Se questo è messo a confronto con qualcosa per cui avete pagato, quasi sempre quest'ultimo verrà considerato come più prezioso. Tuttavia, è più interessante riguardo a tale scarto che non ha nulla a che fare con il contenuto o il valore dell'omaggio. Riguarda di più il suo valore percepito. Se lo contrapponi a qualcosa per cui paghi, quasi sempre percepisci quest'ultimo come più prezioso.

Probabilmente starai pensando: qualcosa per la quale si paga, non ha una qualità superiore di qualcosa di gratuito? Non necessariamente: è davvero una questione di percezione.

Anche se la percezione è spesso analizzata dal punto di vista del denaro, il vero motore è l'impegno e la coerenza: quando paghi per qualcosa ci stai investendo, ed è per questo motivo che ti senti più coinvolto, ecco perché lo apprezzi di più.

Per approfondire il potere dell'impegno e della coerenza, Cialdini ripropone l'esperimento che una coppia di psicologi canadesi ha eseguito su persone che partecipano alle scommesse sulle corse dei cavalli. I suoi risultati hanno mostrato come le persone hanno iniziato a sentirsi molto più sicure una volta decise le loro scommesse.

Una volta piazzate le scommesse si sono sentiti in dovere di comportarsi in linea con la loro scelta, condizionandosi a sentirsi più sicuri dei cavalli su cui avevano puntato. Il loro impegno ha innescato un senso di coerenza, poiché le loro possibilità di vincere non sono cambiate davvero.

L'impegno e la coerenza sono semplici: una volta che le persone si prendono una responsabilità, iniziano a comportarsi in modo coerente e di conseguenza.

Ti senti obbligato a difendere ciò che fai, quali scelte fai e come ti comporti.

È ingiusto, ma spesso le tue migliori offerte possono essere date per scontate se le dai gratuitamente o a troppo poco. Questo non vuol dire che non si debba mai dare nulla gratis, ma che si dovrebbe chiedere un impegno in cambio.

Se stai vendendo qualcosa online, l'implementazione più basilare del principio di impegno e coerenza potrebbe essere quella di chiedere alle persone il loro indirizzo e-mail per poter accedere al tuo omaggio.
Il principio di coerenza si basa sul potere di impegni attivi, pubblici e volontari, che si traduce in persone che si attengono effettivamente alla loro parola. Esaminiamo questi requisiti in modo un po' più dettagliato.

Il primo passo è un impegno attivo. Per attivo Cialdini indica qualcosa che è scritto o detto da altri. Fare in modo che la gente dica che farà qualcosa è un inizio, ma quando si impegnano attivamente è molto più probabile che lo seguano.

Il secondo step è renderlo pubblico. Quando altri sono testimoni di questo impegno si aggiunge un livello di responsabilità alla dichiarazione, e nessuno vuole rimangiarsi la parola data.

Infine, deve essere volontario. Se costringi qualcuno a prendere un impegno attivo e pubblico che non ha deciso da solo, non hai realizzato nulla.

Quindi, come ci si comporta in questi casi? Una volta che hai persuaso qualcuno a fare qualcosa, inducili a prendere questo tipo di impegni per attuare il principio di coerenza e garantire che ci sia un legittimo impegno nelle loro parole.

3. Riprova sociale

Tutti sono soggetti all'influenza sociale. Per mostrare l'effetto della tecnica di persuasione sociale, Cialdini cita l'esempio delle *canned laughters*, la traccia delle risate che è spesso inserita in spettacoli comici o programmi televisivi divertenti.

Che si trovi una battuta divertente o meno, sentire una risata registrata quasi sempre convince le persone a ridere, te incluso. Le tue risate non sono naturali, sono indotte - è un'azione di riflesso in risposta alle risate che hai appena sentito.

Potresti chiederti come l'ascolto di risate possa influenzare le persone a ridere, nonostante una battuta non sia divertente. La risposta sta nella nostra naturale tendenza a ripetere cose che vediamo fare dai nostri coetanei e nella scienza della persuasione.

Cialdini cita anche il consiglio dato da Cavett Robert, consulente di vendite e motivazione, ai suoi apprendisti: "Dal momento che il 95 percento delle persone sono imitatori e solo il 5 percento iniziatori, le persone sono persuase più dalle azioni degli altri che da qualsiasi prova che possiamo offrire."

In molte situazioni, le persone si affidano a spunti sociali presi da altri su come pensare, sentire e agire, e lo fanno. Non solo da persone qualsiasi, ma soprattutto da colleghi o comunque le persone che credono siano simili a loro. Questo è un punto chiave e ciò che viene chiamato prova sociale.

Per questo motivo, se vuoi influenzare i tuoi stagisti, una particolare squadra nel tuo dipartimento o i nuovi assunti, devi iniziare da te stesso. Quando vedono un dipendente come loro che sembra agire di propria iniziativa o seguire una nuova direttiva, è più probabile che facciano la stessa cosa.

Far agire una prima persona fa la differenza, e sblocca il potere della prova sociale.

Ecco alcuni modi in cui puoi integrare la prova sociale nella tua strategia online. Aggiungi le opzioni di condivisione sui social media, in questo modo avrai l'opzione per visualizzare il conteggio di quante volte il tuo lavoro è stato condiviso. Per un nuovo visitatore questo è un'ottima prova della qualità dei tuoi contenuti e lo inviterà sia a leggerli che persino a condividerli. Un'ottima tecnica di persuasione è quella di aggiungere il numero degli attuali abbonati. Ottieni influencer che condividano i tuoi contenuti: contatta gli influencer della tua nicchia e chiedi loro di condividere i tuoi contenuti.

4. Simpatia

Il principio del gradimento è una parte in qualche modo astratta della scienza della persuasione, ma una verità alla quale ci siamo tutti arresi molte volte.

Se ti sei trovato a dire di sì a qualcuno, senza un motivo particolare, hai preso la tua decisione in base alle tue preferenze.

Alla gente piace chi può essere percepito come amico, è un'idea semplice ma potente. Il principio del gradimento può essere usato in diversi modi.

Uno di questi è trovare ambiti comuni con le persone che incontri. Se riesci a connetterti con loro sui loro hobby o interessi, avrai una solida base da cui partire. Essere buoni osservatori dei chi abbiamo attorno è un ottimo modo per comprendere qualsiasi indizio che possa così condurti a un terreno comune.

L'altro approccio è un vero elogio. Fare complimenti ed essere affascinanti può contribuire a costruire un rapporto positivo con gli altri. Un avvertimento però, non esagerare. La chiave qui è un vero elogio, non fabbricarlo al punto che stai chiaramente cercando di farteli amici.

## 5. Autorità

Quando vieni percepito come un esperto in un'area, è più probabile che gli altri ti ascoltino. Perché? Spesso gli esperti sono in grado di offrire una scorciatoia per decisioni ragionevoli che altrimenti richiederebbero molto tempo per produrre buoni risultati.

L'idea quindi è quella di stabilire quella credibilità di autorità e competenza.

Hai mai fatto qualcosa perché qualcuno in una posizione di autorità ti ha chiesto di farlo?
Hai mai acquistato un prodotto solo perché lo ha consigliato un blogger di alto livello tra le persone che segui?

Se sì, allora ti sei conformato al principio della scienza della persuasione della conformità a un'autorità.

Cialdini evidenzia l'influenza innegabile di una figura autorevole, condividendo un esperimento condotto da Milgram, professore di psicologia presso l'Università di Yale.

La figura di autorità nell'esperimento era un ricercatore di laboratorio, e i partecipanti erano divisi in due gruppi: insegnanti e studenti.

Ci si aspettava che gli studenti memorizzassero un elenco di coppie di parole e poi le richiamassero correttamente in un test a seguire. Ogni risposta sbagliata veniva punita con una scossa elettrica e, ad ogni errore, l'intensità di quest'ultima veniva aumentata. Gli insegnanti hanno ricevuto istruzioni per aumentarne l'intensità dopo ogni risposta errata.

I risultati sono stati veramente impressionanti: circa due terzi dei soggetti nel ruolo di insegnante non si sono fermati, e hanno aumentato la tensione della scarica elettrica fino alla sua massima capacità (450 volt!).

L'esperimento ha dimostrato che i soggetti nel ruolo degli insegnanti hanno continuato ad aumentare l'intensità dello shock sotto la direzione del ricercatore di laboratorio (che fungevano da autorità massima, nonostante abbiano ascoltato i ripetuti lamenti degli studenti in cerca di sollievo.

Cialdini illustra questo estremo seguito delle indicazioni perpetrato dagli insegnanti come un senso del dovere insito in tutti noi. I soggetti nel ruolo di insegnante non sono stati in grado di sfidare gli ordini del ricercatore di laboratorio.

Questa osservazione è stata ulteriormente convalidata da un esperimento di follow-up. Questa volta il ricercatore di laboratorio ha chiesto ai soggetti nel ruolo di insegnante di smettere di provocare scosse elettriche, nel durante gli studenti li dovevano invece incoraggiare e chiederne ulteriori.

I risultati furono drastici: tutti gli Insegnanti fermarono gli shock quando il ricercatore di laboratorio ordinò di farlo, e questo nonostante "gli studenti" ne stessero chiedendo altri volontariamente.
L'esperimento sulla scienza della persuasione di Milgram lascia pochi dubbi sul fatto che tutti noi siamo vincolati da un senso di dovere verso un'autorità. Ciò significa che se puoi costruire il tuo status in modo da apparire come un'autorità, puoi convincere le persone a fare ciò che vorresti che facessero.

Praticare alcuni dei principi di persuasione sopra citati al fine di influenzare gli altri è in qualche modo facile. Anche i loro risultati sono visibili rapidamente (se non istantaneamente).

Tuttavia, il principio di autorità è difficile da sfruttare: la creazione di uno stato di autorità richiede tempo ma i risultati, tuttavia, sono straordinari.

Sebbene non ci siano scorciatoie per raggiungere uno status di autorità, i seguenti passaggi ti aiuteranno a posizionarti come tale.

Esistono diversi modi per stabilire tale autorità. Tra questi, Un metodo rapido e semplice è quello di rendere visibili in ufficio o comunque sul posto di lavoro tutti i diplomi, le credenziali, e i premi per poter stabilire il tuo background e riconfermare la tua affidabilità. Ovviamente questa potrebbe non essere sempre un'opzione.

Un altro approccio è quello di trasmettere competenze attraverso brevi aneddoti o informazioni di base condivise in conversazioni casuali. Ricorda solo che la tua esperienza non è sempre nota agli altri, quindi assicurati di trasmetterla quando ne hai la possibilità.

6. Scarsità

È facile apprezzare ciò che è raro: questo principio non è altro che il rapporto tra la domanda e l'offerta. Man mano che le cose diventano più difficili da trovare, queste risulteranno più preziose agli occhi delle persone.

Ci sono alcuni modi in cui puoi usare il principio di scarsità per convincere gli altri. Uno è semplicemente quello di fare offerte a tempo limitato, a disponibilità limitata o una tantum, il che crea immediatamente un senso di scarsità.

Allo stesso tempo, anche il modo in cui presenti tali opportunità è importante. Se ti concentri di più su un linguaggio che esprime una perdita e che indica che tu ti stai privando di qualcosa piuttosto che guadagnarla, il tuo messaggio diventerà più potente.

Infine, c'è l'approccio di esclusività. Fornire l'accesso a informazioni, servizi o altri elementi a un numero limitato di persone crea un senso di esclusività. Questo viene spesso tradotto in un favore diretto a quelle persone e nel fatto che le apprezzi di più di altre.

Se riesci a combinare tutti questi elementi per inquadrare una situazione, i tuoi poteri di persuasione aumentano notevolmente. Per questo motivo, cerca di utilizzare offerte limitate, e un linguaggio che rifletta i concetti di perdita ed esclusività per creare un senso di scarsità.

La scarsità innesca la paura di perdersi qualcosa (in inglese "FOMO", *Fear Of Missing Out*). E no, la paura di perdersi qualcosa non è qualcosa che i marketer hanno creato da zero: è qualcosa che esiste davvero, da sempre. È una paura inconscia che deriva dalla possibilità di poter provare rimpianti in futuro per non aver preso una decisione in tempo. Il marketing basato su questo principio fa spesso appello al lato impulsivo di tutti noi.

Padroneggiare questi sei principi di influenza ti consentirà di massimizzare le tue capacità di persuasione, ma un avvertimento: non abusare di queste abilità. Questi possono essere facilmente utilizzati per manipolare e controllare gli altri.

"Il personaggio può essere definito il mezzo di persuasione più efficace." - Aristotele

Cialdini lo dichiara apertamente nel suo stesso scritto: questi principi di condizionamento dovrebbero essere usati per il bene, e la tua influenza dovrebbe essere autentica, genuina, per condurre alle migliori decisioni non solo per te stesso, ma anche per gli altri.

Usa questi principi nel modo giusto e ne raccoglierai i frutti.

## 2. Come influenzare e convincere chiunque

Tutti vogliamo essere influenti, vogliamo che le nostre parole abbiano un peso e facciano sentire la nostra presenza. Vogliamo che la nostra esistenza sia significativa e che ciò avvenga naturalmente.

Non vogliamo essere invadenti o esagerati, né vogliamo forzare qualcuno a cambiare la propria idea. Vogliamo solo essere persuasivi. Come possiamo essere naturalmente influenti, indipendentemente dalle persone con cui siamo o da cosa stiamo facendo?

Questi aspetti vanno analizzati sia dal punto di vista personale che da quello del marketing, ma alla fine sono molto efficaci in qualsiasi tipo di impiego interpersonale, dal networking alla creazione di nuovi clienti e alla gestione di relazioni familiari complesse... praticamente qualsiasi scenario in cui sono coinvolte due o più persone.

*Utilizzare il mirroring per stabilire un accordo inconscio*

Uno dei modi più rapidi e semplici per stabilire una posizione di influenza con un individuo è il mirroring.

Il mirroring è l'atto di copiare il linguaggio del corpo, il tono, il volume e la velocità del parlato di una persona. In sostanza, si riflette il comportamento di qualcun altro, come uno specchio riflette un'immagine.

Secondo gli studi del professor Jeremy Bailenson della Stanford University e del suo collega Dr. Nick Yee, l'atto di rispecchiare il comportamento altrui ha dimostrato un aumento dell'influenza sociale sulla persona che stavano imitando. Negli studi condotti, hanno scoperto che gli individui che rispecchiavano erano infine più persuasivi e avevano una valutazione più positiva di quelli che non rispecchiavano.

Nel contesto delle tipiche connessioni interpersonali, rispecchiare il comportamento di una persona tende a mettere a proprio agio e può aumentare significativamente la possibilità di costruire un rapporto con l'individuo che si ha di fronte. Questo può mettere le persone a proprio agio, sfondare la resistenza inconscia, incoraggiare la fiducia e altro ancora.

Come la maggior parte degli argomenti di cui discuteremo, il mirroring dovrà essere appreso consapevolmente fino a quando non diventerà una parte inconscia di come interagisci con le persone. Quando ti alleni, una buona regola empirica è aspettare

5-10 secondi prima di provare a rispecchiare la posizione di qualcuno, in modo da non essere troppo ovvio.

Bisogna comunque essere prudenti in quanto il mirroring può ritorcersi contro di noi se si stanno riflettendo posture altamente negative, come incrociare sia le braccia che le gambe o allontanare la parte superiore del corpo da esse.

*Utilizza pause e silenzi per dettare il ritmo dell'ascoltatore*

Il silenzio mette a disagio molte persone. Non lo si può negare. Per molti il silenzio è così potente che non possono resistere a riempirlo. Riempire il vuoto per loro diventa quasi una seconda natura.

Le persone naturalmente influenti sono consapevoli dell'effetto che il silenzio ha sulle persone e lo usano come strumento persuasivo nella conversazione quotidiana.

Da una prospettiva strategica, capiscono che chiunque riempia il vuoto del silenzio ha maggiori probabilità di rivelare maggiori informazioni, come fornire indizi o persino fare un errore che potrebbe avvantaggiare l'ascoltatore. Da una prospettiva forse meno calcolata, le persone che non hanno paura del silenzio - che sono intenzionali e senza fretta nelle loro azioni e conversazioni - suscitano un senso di controllo e fiducia.

Ulteriori vantaggi del silenzio e delle pause includono una migliore capacità di ascolto ed elaborazione delle informazioni. Un'opportunità per decidere il modo più articolato ed efficace per comunicare un pensiero, la capacità di comprendere meglio chi parla e stabilire una connessione più personale.

La linea di fondo è che il silenzio è potente e se vuoi imparare a persuadere le persone senza bisogno di esercitarti, padroneggiare l'arte del silenzio dovrebbe essere in cima alla tua lista di priorità.

*Circondati di altre persone influenti*

Sei la media delle cinque persone a cui ti associ di più. Questo detto si allinea alla legge delle medie, teoria secondo cui "il risultato di una determinata situazione sarà la media di tutti i risultati".

Mentre su base giornaliera possiamo interagire con molte persone, quelle che hanno un grande impatto su di noi sono effettivamente pochissime. Solo una cerchia ristretta influenza realmente le nostre decisioni e il modo in cui pensiamo.

Quando ti circondi di persone dalle quali aspiri imparare ed emulare, salirai naturalmente al loro livello. Trascorrere più tempo con persone influenti ti renderà in grado di assorbire le loro conoscenze, i manierismi e la visione generale della vita, i quali contribuiscono in modo significativo al loro successo.

Le persone influenti non hanno timore di contattare altre persone influenti per aiuto e consigli. Comprendono il valore della connessione con influencer di successo, imprenditori e connettori.

Scegliamo tutti con chi trascorrere il nostro tempo e uno dei migliori modi per diventare autorevoli è passare del tempo con persone naturalmente influenti.

*Incoraggiare le persone a parlare di sé stesse*

Alla gente piace parlare di sé stessa. In uno studio, la rinomata psicologa Princeton Diana Tamir ha scoperto che tra il 30% e il 40% del nostro discorso si concentra esclusivamente su noi stessi. In quello stesso studio Tamir notò che quando le persone parlavano di sé stesse, la loro scansione del cervello mostrava segni di attività nelle aree più strettamente legate alla motivazione e al valore. La stessa area del cervello associata al parlare di sé è anche associata al piacere sessuale, al denaro, al cibo e all'uso di droghe.

Quando incontri qualcuno di nuovo, il modo migliore per stabilire un rapporto è incoraggiarlo a fare ciò che già vuole fare: parlare di sé stesso.

Inizia con un po' di chiacchiere, ma poi fai un paio di domande significative e ascolta davvero la risposta. Trasforma la risposta in una domanda ulteriore, il che segnala all'oratore che trovi interessanti i suoi commenti e lo incoraggia ad approfondire.

Non solo l'oratore si sentirà apprezzato dalla tua attenzione e dalle tue richieste, ma ti darà anche una visione più ampia di chi è, ti offrirà numerose opportunità per stabilire un terreno comune e stabilire una connessione personale.

Se vuoi valutare quanto lo fai bene, ripensa a una recente conversazione e determina quale percentuale di tempo hai dedicato al parlare rispetto all'ascolto. Più tempo passi ad ascoltare, maggiore è l'influenza che tendi ad avere sulla persona coinvolta.

Alcune persone sono silenziose o passive e lasciano parlare gli altri perché non sono fiduciose o semplicemente non hanno nulla da dire. Questo, ovviamente, NON è quello di cui sto parlando.

Quello di cui sto parlando è intenzionale e incredibilmente attivo. Incoraggiando gli altri a parlare di sé stessi, puoi naturalmente farli gravitare verso di te, indipendentemente dal contesto.

*Dai qualcosa prima di chiedere qualsiasi cosa*

Abbiamo già parlato del concetto di reciprocità. Quando dai qualcosa a qualcuno, ciò lo incoraggia a restituire il favore e darti qualcosa in cambio. La reciprocità non si limita alle strategie di marketing, e può essere usata per renderti una persona naturalmente influente in ogni contesto.

La chiave è semplicemente essere una persona generosa, e questo dipende esclusivamente da te. Potrebbe essere il tuo tempo, o il tuo denaro. Potrebbe essere la tua influenza. Le persone vogliono aiutare coloro che considerano utili e, indipendentemente da ciò che dai, quando sei una persona generosa diventi naturalmente una persona influente.

Fermati a pensare alle persone più influenti della tua vita. Probabilmente penserai alle persone che ti hanno dato molto personalmente e la realtà è che in un mondo di persone sempre più "remote", la soglia di ciò che costituisce la generosità personale diventa sempre più bassa.

Se sei scettico, esegui un esperimento. Trascorri un mese facendo del tuo meglio per essere generoso e vedi che tipo di porte si apriranno e il numero di relazioni che costruirai.

*Comprendere la differenza tra persuasione e negoziazione*

La persuasione e la negoziazione sono spesso gettate nella stessa categoria. Questo è un errore. Negoziazione e persuasione sono opposti quasi esatti e conoscerne la differenza può naturalmente renderti più persuasivo.

La negoziazione implica arrivare subito al punto e, spesso, ciò include fare concessioni in cui entrambe le parti hanno un uguale vantaggio. D'altra parte, la persuasione è lenta e sottile, non fa concessioni e richiede un po' di tatto. A differenza della negoziazione, non puoi andare subito al punto. Quando persuadi qualcuno, probabilmente stai andando contro credenze e valori fondamentali che sono stati radicati per molti anni. La persuasione consiste in azioni che danno risultati nel lungo periodo. L'obiettivo è quello di far aprire l'altra persona fino a renderla predisposta a farsi influenzare da te.

A differenza della persuasione, la negoziazione può essere spesso svolta in una sola seduta, a volte in meno di un'ora. Una persona in genere prenderà l'iniziativa e dirà qualcosa del tipo "dobbiamo risolverlo" o "cosa sarebbe necessario per risolverlo?". Da lì, le concessioni vengono di solito fatte fino a quando entrambe le parti sono soddisfatte.

Il 90% della concessione viene effettuato nell'ultimo 10% del tempo trascorso a negoziare. In genere questo accade a causa di un vincolo di tempo per una delle parti.

Un esempio di questo potrebbe essere negoziare con un venditore di auto alla fine del mese. L'acquirente potrebbe non voler acquistare il prodotto il giorno stesso, ma il venditore potrebbe non ricevere il suo bonus mensile a meno che l'auto non venga venduta entro la giornata.

*Usa la scarsità per sollecitare un'azione immediata*

Spesso è possibile accelerare il processo di persuasione aggiungendo un elemento di scarsità alla propria offerta. Rendi cristallino a tutti che il tuo prodotto non è solo prezioso, ma anche raro.

Gli esperti di marketing conoscono il valore della quotazione non solo del proprio prodotto o servizio, ma anche dei vantaggi per l'acquirente finale. Questo non solo aiuta a differenziare tutti gli altri in lizza per l'attenzione del cliente, ma aggiunge anche un elemento di scarsità o FOMO all'offerta.

Alcuni esempi di scarsità sono:

- Vendite del Black Friday: le persone capiscono di avere solo poco tempo per accedere a questi sconti esclusivi sui loro articoli preferiti.
- Visualizzazione di un numero limitato di azioni sul tuo sito Web: Amazon elenca "Solo 4 rimasti in magazzino", per mettere fretta all'acquirente e farglielo comprare in quel momento.

La moderazione è fondamentale quando si applica la scarsità al processo di vendita. Se ad esempio possiedi un negozio di eCommerce e costantemente proponi l'offerta "Solo per oggi!" a prezzi speciali, i tuoi clienti non si sentiranno obbligati ad acquistare perché sanno che un'altra promozione è dietro l'angolo.

Per applicarlo al di fuori del mondo del marketing, pensa alle persone che conosci che sono super impegnate e quanto sia significativo quando scelgono di trovare uno spazio per te nel loro programma.

*La tecnica della psicologia inversa*

Essere rifiutati o avere una porta sbattuta in faccia non è mai divertente. Tuttavia, tale fallimento può essere utilizzato per un obiettivo diverso.

Questo metodo di conformità è giustamente chiamato la tecnica DITF (Door-In-The-Face) ed è un metodo ben noto, utilizzato per influenzare gli altri e ottenere ciò che si desidera veramente.

Come funziona? Il persuasore tenterà di convincere il rispondente a ottenere qualcosa a cui sa che il rispondente probabilmente dirà di no (sbattendo la porta in faccia), quindi il persuasore immediatamente chiederà qualcosa di più ragionevole. La richiesta ragionevole è quella che il persuasore voleva davvero sin dall'inizio.

Questa tecnica funziona bene se seguita in questa sequenza, perché usare isolatamente la seconda richiesta (ciò che vogliono veramente) ha maggiori possibilità di essere rifiutata. Combinandola con la richiesta più alta, sembra che il persuasore stia facendo delle concessioni, quindi il rispondente probabilmente si sentirà incline ad accettarla.

In uno studio condotto dal Dr. Alexander Pascual, professore all'Università di Bordeaux, diverse decine di uomini e donne sono stati divisi in gruppi in un bar. In un gruppo un soggetto di sesso femminile ha chiesto a un soggetto di sesso maschile di comprarle un drink perché il suo ragazzo era andato via senza pagare il conto.

Dopo che il soggetto maschile ha rifiutato, il soggetto femminile ha chiesto di darle alcune monete.

Un secondo gruppo aveva un soggetto femminile che chiedeva alcune monete senza prima chiedere agli uomini di comprarle da bere. I risultati di questo studio hanno mostrato un notevole aumento della conformità usando la tecnica door-in-the-face.

Se vuoi imparare a persuadere le persone, devi capire cosa rende le persone influenti. Inizia a livello cosciente, ma più metti in atto queste strategie, più diventeranno parte di ciò che sei.

## 3. Come influenzare gli altri ed essere un leader migliore

Pensa a tutte le persone di successo che conosci. Sicuramente sono incredibilmente bravi a vendere sé stessi, a vendere le proprie idee - in breve, sono incredibilmente bravi a persuadere gli altri. Forse perché saper vendere è l'unica abilità di cui tutti hanno bisogno per avere successo.

Ma essere persuasivi non significa manipolare o fare pressione su altre persone. Nella migliore delle ipotesi, la persuasione è la capacità di descrivere efficacemente i vantaggi e la logica di un'idea per ottenere un accordo - e ciò significa che dobbiamo tutti essere convincenti: per convincere gli altri che una proposta ha senso, per mostrare agli stakeholder come un progetto o un'azienda genererà un ritorno, per aiutare i dipendenti a comprendere i vantaggi di un nuovo processo, ecc.

Ed è per questo che l'arte della persuasione è fondamentale in qualsiasi impresa o carriera - e perché le persone di successo sono estremamente brave a persuadere gli altri. Come puoi essere più persuasivo?

*Difendi le tue idee con forza.*

Probabilmente pensi che i dati e il ragionamento vincano sempre, giusto? No. La ricerca mostra che l'uomo preferisce la sfrontatezza alla competenza. Supponiamo naturalmente che la fiducia sia equivalente all'abilità.

Anche le persone più scettiche tendono ad essere almeno in parte persuase da un oratore fiducioso. In effetti, preferiamo i consigli di una fonte fiduciosa, fino al punto che perdoneremo un track record scadente.

Quindi sii audace. Smetti di dire "Penso" o "Credo". Smetti di aggiungere qualificatori al tuo discorso. Se pensi che qualcosa funzionerà, dì che funzionerà. Mantieni le tue opinioni, anche se sono solo opinioni, e lascia che il tuo entusiasmo sia percepito dagli altri. Le persone graviteranno naturalmente al tuo fianco.

*Inizia lentamente ottenendo piccole "vittorie".*

La ricerca mostra che ottenere un accordo ha un effetto duraturo, anche se solo a breve termine. Quindi, invece di saltare fino alla fine della tua discussione, inizia con affermazioni o premesse con cui sai che il tuo pubblico sarà d'accordo. Costruisci una base per un ulteriore accordo. Ricorda, un corpo in movimento tende a rimanere in movimento, e ciò vale anche per una testa che annuisce.

*Regola la velocità del tuo discorso in base alla prospettiva del pubblico.*

C'è una ragione dietro lo stereotipo del "venditore che parla di fretta": in certe situazioni, parlare velocemente funziona. Altre volte, non così tanto.

Ecco cosa indica uno studio: se è probabile che il tuo pubblico non sia d'accordo, parla più velocemente. Se è probabile che il tuo pubblico sia d'accordo, parla più lentamente.

Quando il tuo pubblico è propenso a non essere d'accordo con te, parlare più velocemente dà loro meno tempo per formare le proprie contro-argomentazioni, dandoti una migliore possibilità di persuaderlo.

Quando il tuo pubblico è propenso a concordare con te, parlare lentamente dà loro il tempo di valutare le tue argomentazioni e tener conto di alcuni dei loro pensieri. La combinazione del tuo ragionamento più il loro pregiudizio iniziale significa che sono più propensi ad essere persuasi, almeno in parte. Se il tuo pubblico è neutrale o apatico, parla rapidamente, così avrai meno probabilità di perdere la loro attenzione.

*Non aver paura di essere moderatamente poco professionale.*

Supponiamo che il tuo team abbia bisogno di trovare un accordo velocemente. Usare una parolaccia occasionale - e sincera - può effettivamente aiutare a infondere un senso di urgenza. E ovviamente certe volte un leader deve lasciar trapelare anche un po' di frustrazione o rabbia.

In breve, sii te stesso. L'autenticità è sempre il fattore più convincente. Se ti senti abbastanza forte da usare naturalmente un linguaggio più forte, fallo. La ricerca mostra che probabilmente sarai un po' più persuasivo.

*Tieni conto di come il tuo pubblico preferisce elaborare le informazioni.*

Immagina un impiegato, con cui il proprio collega e supervisore è sempre in disaccordo. L'impiegato è giovane ed entusiasta ed entra nel suo ufficio con un'idea fantastica, esponendo tutti i fatti e le cifre, aspettando senza fiato che il supervisore si mostri d'accordo... ma non lo è mai.

Forse l'idea non è il problema. Il suo approccio è il problema. Forse, il supervisore ha bisogno di tempo per pensare e per elaborare. Esigere una risposta immediata lo mette immediatamente sulla difensiva. In mancanza di tempo per riflettere, ricade sulla scelta sicura: rimanere nello status quo.

Quindi l'impiegato dovrebbe provare un approccio diverso. Ad esempio dicendo "ho un'idea che penso abbia senso, ma sono sicuro che ci sono cose a cui non ho pensato. Potresti pensarci per un giorno o due e poi dirmi cosa ne pensi? "

Questo dimostrerebbe di aver apprezzato la sua saggezza ed esperienza. Inoltre, questo dimostrerebbe che non si vuole che il supervisore sia d'accordo, ma si sta sinceramente cercando una sua opinione. E, soprattutto, questo approccio dà al supervisore il tempo di elaborare la mia idea nel modo in cui si sentiva più a suo agio.

Conosci sempre il tuo pubblico. Non cercare un accordo immediato se lo stile della personalità di qualcuno lo rende improbabile. Ma non chiedere riflessioni inutili se il tuo pubblico ama prendere decisioni rapide e andare avanti.

*Condividi sia gli aspetti positivi che quelli negativi*

Secondo il professor Daniel O'Keefe dell'Università dell'Illinois, condividere uno o due punti di vista opposti è più persuasivo che attenersi esclusivamente alla propria argomentazione. Perché? Pochissime idee sono perfette. Il tuo pubblico lo sa. Sanno che ci sono altre prospettive e risultati potenziali.

Quindi parlane a testa alta. Parla delle cose che stanno già considerando. Discuti potenziali negatività e mostra come mitigare o superare questi problemi. Le persone nel tuo pubblico hanno maggiori probabilità di essere persuase quando sanno che capisci che potrebbero avere dubbi. Quindi parla dell'altro lato della medaglia e poi fai del tuo meglio per mostrare perché hai ancora ragione.

*Concentrati sul trarre conclusioni positive.*

Quale delle seguenti affermazioni è più convincente? "Smetterai di fare così tanti errori" o "Sarai molto più preciso."?

E tra questi due? "Smetterai di sentirti così stanco" o "Ti sentirai molto più energico."?

Le dichiarazioni con esito positivo tendono ad essere più convincenti. I ricercatori ipotizzano che la maggior parte delle persone reagisca negativamente al sentirsi vittima di bullismo o senso di colpa nel cambiare un comportamento.

Quindi, se stai cercando di produrre un cambiamento, concentrati sugli aspetti positivi di quel cambiamento. Mostra al tuo pubblico un'alternativa migliore, invece di dire loro cosa evitare.

*Scegli il formato giusto.*

Supponiamo che tu sia un uomo che spera di convincere un altro uomo che non conosci bene. Cosa dovresti fare? Se hai la possibilità di scegliere, non parlare di persona. Scrivi prima un'email.

Come regola generale, gli uomini tendono a sentirsi competitivi di persona e trasformano quella che dovrebbe essere una conversazione in una competizione che pensano di dover vincere.

Il contrario avviene se sei una donna che spera di convincere altre donne. Secondo i ricercatori, le donne sono "più focalizzate sulle relazioni", quindi la comunicazione di persona tende ad essere più efficace.

Ma se sei un ragazzo che cerca di convincere un altro ragazzo che conosci bene, comunica di persona. Più stretta è la relazione, più efficace sarà la comunicazione faccia a faccia.

*E soprattutto, assicurati di avere ragione.*

Le persone persuasive sanno come strutturare e recapitare i loro messaggi, ma soprattutto sanno che il loro messaggio è ciò che conta di più. Quindi sii chiaro, sii conciso, sii al punto e vinci perché i tuoi dati, il tuo ragionamento e le tue conclusioni sono irreprensibili.

## 4. Come controllare la mente delle persone

La bomba nucleare è l'arma più potente che esista attualmente... subito dopo la psicologia umana.

Ti sei mai chiesto perché le persone fanno quello che fanno? Le emozioni sono una fonte molto potente di motivazione. Sotto il potente effetto delle emozioni alcune persone si suicidano mentre altre sacrificano la propria vita per le persone che amano.

Le emozioni possono motivare le persone a compiere determinate azioni e comportarsi in certi modi. Se in qualche modo sei riuscito a indurre una certa emozione in una persona, allora intraprenderà l'azione che di solito intraprende quando prova questa emozione.

Ad esempio, se una persona aggressiva, di cattivo umore, è stata infastidita, inizierà sicuramente a urlare o a litigare. Puoi facilmente motivare quella persona a combattere con qualcun altro innescando la sua rabbia.

Quindi, come si possono controllare le persone? La prima cosa che devi fare è capire la personalità del soggetto, in modo da poter indovinare quali azioni intraprenderà quando sperimenta una certa emozione.

Ad esempio, se il tuo manager grida sempre ma smette di farlo quando si sente in colpa, indurre in lui del senso di colpa non gli permetterà solo di trattarti bene, ma anche di lasciargli fare del suo meglio per aiutarti.

*Come puoi usare le emozioni per controllare le persone*

Paura: un uomo veramente imponente e spaventoso sta cercando di iniziare una rissa. Ciò che dovresti fare è agire coraggiosamente, trasmettere una sensazione di fiducia in te stesso, urlargli contro e guardarlo dritto negli occhi. L'avversario avrà paura e si ritirerà, spinto da questa emozione.

Senso di colpa: anche i diavoli hanno il cuore. Finché la persona si sente arrabbiata cercherà di farti del male, ma se riesci a farla sentire in colpa, allora sceglierà di comportarsi in modo diverso.

Coinvolgimento dell'ego: dì a tuo marito che tutti si aspettano che tu e lui vi lascerete e lui farà del suo meglio per stare con te per preservare il suo ego. Funziona meglio con le persone arroganti e quelle che hanno un ego molto imponente.

Dipendenza: puoi persino controllare qualcuno e farlo innamorare di te usando la dipendenza indotta.

Rabbia: è utile indurre rabbia in qualcuno? Sì, se ad esempio tua sorella si comporta in modo debole quando affronta suo marito, potresti voler provocare della rabbia in lei in modo che difenda i suoi diritti.

Come puoi vedere, indurre una certa emozione in qualcuno lo porterà ad agire in un certo modo. Avendo una certa comprensione di una specifica persona sarai in grado di modificare la sua idea nella direzione che desideri, senza fare alcuno sforzo.

In ogni caso, uno dei principi fondamentali nella vita di chiunque dovrebbe essere l'uso etico della conoscenza. Questa conoscenza dovrebbe essere utilizzata per aiutare le persone e fare del bene agli altri invece di danneggiarli. Non cadere in preda alle tue insicurezze cedendo ai tuoi desideri personali di controllare gli altri.

**Come usare la psicologia inversa**

La psicologia inversa è una tecnica che puoi utilizzare per motivare qualcuno a fare qualcosa, dicendogli di fare l'esatto contrario.

Ad esempio, dire al tuo amico "Scommetto che non puoi arrivare prima delle 6", potrebbe motivarlo a fare il contrario solo per dimostrarti che hai torto.

La psicologia inversa è un'arma pericolosa perché se la persona con cui hai a che fare capisce che stavi cercando di manipolarla, potrebbe non essere più in grado di fidarsi di te. Dunque, la psicologia inversa dovrebbe essere utilizzata solo nella mente subconscia della persona e non nella sua mente cosciente.

Pertanto, affinché la psicologia inversa possa essere usata correttamente, devi:
1) far pensare a quella persona che credi davvero nelle tue parole;
2) fargli capire che non le stai dicendo per motivarlo.

*Quando usare la psicologia inversa?*

Supponiamo che tuo figlio abbia ricevuto brutti voti. Dicendogli qualcosa come "Non otterrai mai voti più alti" potresti rovinargli l'autostima, facendogli credere che sia davvero impossibile, creando così una nuova falsa credenza nella sua mente che influirà sulla sua personalità.

Dopotutto, se continui a dire a qualcuno che è stupido, cattivo o disonesto potresti programmare la sua mente a credere che questi tratti siano parte della sua personalità e che non possa fare di meglio.

La psicologia inversa deve essere utilizzata solo quando la persona conosce le azioni che dovrebbe intraprendere per raggiungere gli obiettivi che si desidera raggiungere. Nell'esempio precedente la cosa giusta è motivare tuo figlio a studiare invece di motivarlo a ottenere voti alti, questo perché può studiare se lo desidera, ma ottenere voti alti è soggetto a molti altri fattori oltre allo studio.

Dirgli qualcosa come "Scommetto che non riuscirai mai a finire i compiti stasera" è molto più efficace e più sano che dirgli "non otterrai mai buoni voti".

Non tutte le persone risponderanno alla psicologia inversa: per esempio, coloro che non hanno fiducia in sè stessi potrebbero effettivamente prendere le tue dichiarazioni per vere e farne nuove convinzioni limitanti che le faranno peggiorare ulteriormente.

La psicologia inversa dovrebbe essere usata con narcisisti, testardi, e coloro che hanno una concezione di sé stessi esageratamente positiva.

Una volta che sei riuscito a sfidare l'ego dormiente di qualcuno senza fargli notare che lo stai facendo intenzionalmente, sarai in grado di far fare a quella persona quello che vuoi.

**Sei modi in cui il tuo comportamento viene controllato**

Pensi di avere il controllo delle tue decisioni? Se sei come la maggior parte delle persone, la risposta naturale è: "Certo. Anche se mi sono pentito di alcune, in quel momento avevano senso." In realtà, le probabilità sono che tu sia come il resto dell'umanità e che le tue decisioni siano determinate da ciò che ti circonda.

Siamo bombardati da stimoli e migliaia di decisioni da prendere ogni giorno. A partire da quando ci svegliamo, abbiamo deciso quando impostare la sveglia, quando effettivamente uscire dal letto, cosa indossare, cosa mangiare ... l'elenco è quasi infinito. Anche quando decidiamo di non fare qualcosa, anche questa è una decisione. Chiaramente, è più efficiente che le azioni quotidiane vengano messe in atto automaticamente e diventino routine, ma alcune di queste scorciatoie mentali possono continuare a influenzare decisioni più grandi? La risposta è sì, ed ecco alcuni dei modi più comuni in cui possono farlo.

*Potenza delle impostazioni predefinite*, nota anche come distorsione dello status quo

Il pregiudizio predefinito è una potente funzione psicologica. Poiché le persone tendono ad esibire inerzia, soprattutto con decisioni più complesse, prevale in genere la modalità predefinita. Che si tratti di impostazioni avanzate sul tuo laptop o iPhone, di un piano di previdenza o di un compromesso tra affidabilità e tariffe, le persone utilizzano quasi sempre le opzioni predefinite, lo status quo.

Alcuni sostengono che, man mano che le scelte diventano più complesse e le persone conoscono meno le opzioni, non si sentono abbastanza competenti per spostarsi dall'impostazione predefinita. Tuttavia, anche con attività di base come scorrere fino alla fine di un'e-mail per fare clic su "annulla iscrizione" a un'altra e-mail di spam, le persone sono titubanti ad agire, e quindi continuano a essere bombardate da e-mail indesiderate. Pensa: stai rispettando l'impostazione predefinita perché è la decisione migliore o semplicemente perché è la più semplice?

*Funzioni forzate*

Forzare la funzione significa che le cose sono progettate in modo tale che le persone debbano intraprendere determinate azioni per ottenere ciò che vogliono. Gli esempi includono la necessità di estrarre la carta da un bancomat prima di ricevere denaro, di avere pillole di dimensioni diverse per farmaci diversi o del suono che l'automobile emette fino a quando non si mette la cintura di sicurezza. Questi sono generalmente usati per influenzare positivamente il comportamento assicurandoti di fare qualcosa per ottenere il giusto risultato. Pensa: come puoi trarne vantaggio? Magari mettendo il telefono dall'altra parte della stanza, così che devi alzarti per spegnere la sveglia.

*Effetto N*

Quando il numero di concorrenti aumenta, le persone effettivamente ottengono risultati peggiori. Ad esempio, se stai partecipando a una gara con migliaia di altre persone, potresti pensare che non ci sia alcuna possibilità di vincere e non provare così duramente come se fosse una gara con solo 50 persone. Pensa: la prossima volta che gareggi contro un grande gruppo, ricorda che la maggior parte delle persone non sta dando il massimo, quindi se lo fai, potresti avere un vantaggio in più.

*Relatività*

Cambiare la prima informazione che si dà alle persone ha enormi effetti su come vedono tutto il resto. Dan Ariely, nel suo libro "Predictably Irrational", fornisce un esempio con l'introduzione delle macchine per il pane Williams-Sonoma. Quando le presentarono per la prima volta, le persone erano titubanti nel pagare il prezzo stabilito per queste macchine; tuttavia, quando in seguito introdussero un modello più costoso del 50%, le prime macchine per il pane sembrarono un vero affare e le vendite aumentarono. Pensa: stai davvero ottenendo un buon affare o c'è qualcos'altro che te lo fa pensare?

*Effetto Hawthorne*

L'effetto Hawthorne suggerisce che la produttività delle persone cambia con i cambiamenti ambientali. Mentre ci sono un po' di controversie attorno a quest'idea, lo studio originale di Landsberger ha rivelato che cambiare (sia aumentando che diminuendo) l'illuminazione in una fabbrica ha aumentato la produttività dei lavoratori. Ciò potrebbe essere dovuto al fatto che i dipendenti si siano sentiti osservati quando si sono verificati dei cambiamenti, ma qualunque sia la ragione, la produttività delle persone tende ad aumentare grazie al cambiamento ambientale. Come puoi cambiare il tuo ambiente di lavoro per diventare più produttivo? Quali novità puoi introdurre?

*Memoria dipendente dallo stato/dal contesto*

Hai mai avuto momenti difficili nel ricordare delle informazioni? Lo stato e il contesto in cui hai appreso le informazioni modificano la tua capacità di ricordarle. Se stai facendo fatica a ricordarti delle informazioni, potresti prima ritornare in quello specifico stato o contesto per far affiorare le tue memorie.

## 5. Come vincere le discussioni comunicando in modo persuasivo ed efficace

Non ha molto senso avere idee brillanti se non riusciamo a convincere le persone del loro valore. I debuttanti persuasivi possono vincere argomenti usando la forza della loro ragione e con l'abile utilizzo di molte tecniche utili.

Quindi, come si vince una discussione? Ecco alcune cose da fare e non fare per aiutarti a vincere discussioni insieme ad alcune tattiche subdole di cui essere consapevole.

*Stai calmo.* Anche se la tua opinione ti appassiona, devi rimanere calmo e al comando delle tue emozioni. Se perdi la calma, perderai anche la discussione.

*Usa i fatti come prova della tua posizione.* I fatti sono difficili da confutare, quindi raccogli alcuni dati pertinenti prima che inizi l'argomento. Sondaggi, statistiche, citazioni di persone rilevanti e risultati sono argomenti utili da implementare a supporto del tuo caso.

*Fai domande.* Se riesci a porre le domande giuste, puoi mantenere il controllo della discussione e fare in modo che il tuo avversario cerchi le risposte. Puoi porre domande che sfidano la sua opinione, "Quali prove hai a supporto di quest'affermazione?". Puoi porre domande ipotetiche che estrapolino una tendenza e mettano il tuo avversario in difficoltà: "Cosa accadrebbe se ogni nazione lo facesse?" Un altro tipo utile di domanda è quella che con calma provoca il tuo nemico: "Che cosa ti rende così arrabbiato?"

*Usa la logica.* Mostra come un'idea ne segue un'altra. Costruisci il tuo caso e usa la logica per minare il tuo avversario.

*Fai appello a valori più alti.* Oltre alla logica puoi usare un po' di emozione facendo appello a motivazioni degne con cui è difficile non essere d'accordo, "Non dovremmo tutti lavorare per rendere il mondo migliore e più sicuro per i nostri figli?"

*Ascolta attentamente.* Molte persone sono così concentrate su ciò che stanno per dire che ignorano il loro avversario e danno per scontato le sue risposte. È meglio ascoltare attentamente. Osserverai debolezze e difetti nella sua posizione e a volte sentirai qualcosa di nuovo e informativo!

*Preparati a negoziare e cedere.* Non discutere ogni punto per il gusto di farlo. Se il tuo avversario fa valere un punto valido, accetta, ma ribatti con un argomento di maggiore impatto. Questo ti fa sembrare ragionevole. "Sono d'accordo con te sul fatto che la prigione non faccia migliorare personalmente i carcerati. Questo è generalmente vero, ma la prigione agisce ancora efficacemente come deterrente e punizione."

*Studia il tuo avversario.* Conosci i loro punti di forza, debolezza, credenze e valori. Puoi fare appello ai loro valori più alti. Puoi sfruttare i loro punti deboli contro di loro.

*Cerca la vittoria.* Sii aperto a una posizione di compromesso che accolga i tuoi punti principali e alcuni dei tuoi avversari. Questo non è possibile in un match di boxe ma entrambi potete vincere in una negoziazione.

*Non andare sul personale.* Dovrebbero essere evitati gli attacchi diretti allo stile di vita, all'integrità o all'onestà del tuo avversario. Attacca il problema, non la persona. Se l'altra parte ti attacca, puoi prendere le distanze dicendo ad esempio "Sono sorpreso dal fatto che tu mi attacchi in questo modo. Penso che sarebbe meglio se ci attenessimo al problema principale qui piuttosto che diffamare le persone."

*Non distrarti.* Il tuo avversario può provare a distrarti introducendo temi nuovi ed estranei. Devi essere fermo. "Questa è una questione completamente diversa di cui sono felice di discutere in seguito. Per il momento affrontiamo il problema principale a portata di mano."

*Non innaffiare i tuoi argomenti forti con quelli deboli.* Se hai tre punti forti e due più deboli, probabilmente è meglio concentrarsi solo sui punti forti. Fai i tuoi punti in modo convincente e chiedi un accordo. Se continui e usi gli argomenti più deboli, il tuo avversario può confutarli e rendere il tuo caso generale più debole.

**Comunicazione nel posto di lavoro**

La maggior parte degli uomini d'affari vede la persuasione come un processo semplice. Pensano che comprenda: una dichiarazione forte della tua posizione, uno schema degli argomenti a sostegno seguito da una spiegazione altamente assertiva e basata sui dati, discutere con gli altri e ottenere una risposta positiva.

In altre parole, usi la logica, la perseveranza e l'entusiasmo personale per indurre gli altri a decidere che qualcosa è effettivamente una buona idea. Sbagliato! Questo molto spesso non funziona.

La persuasione efficace sul posto di lavoro è stata studiata da vicino da Jay Conger, professore di comportamento organizzativo alla University of Southern California. Per un periodo di 12 anni ha esaminato le caratteristiche dei leader di successo e degli agenti di cambiamento, studiando e approfondendo la letteratura accademica su persuasione e retorica.

L'interesse di Conger si è concentrato sulla persuasione come processo anziché come singolo evento, ovvero una presentazione. Ha formulato conclusioni definitive sulle qualità necessarie per un'efficace persuasione:

"Una persuasione efficace diventa un processo di negoziazione e apprendimento attraverso il quale un persuasore conduce i colleghi alla soluzione condivisa di un problema". È un processo difficile e che richiede tempo.

La ricerca di Conger ha indicato che la persuasione efficace comprende quattro passaggi distinti e necessari:

*Stabilisci la tua credibilità*

Sul posto di lavoro, la credibilità deriva dall'esperienza e dalle relazioni. Si ritiene che le persone abbiano alti livelli di competenza se sono conosciuti per aver preso delle buone decisioni, o se si sono dimostrate ben informate. Nel corso del tempo hanno dimostrato di essere degni di fiducia e di lavorare per aiutare gli altri.

*Inquadra i tuoi obiettivi in modo da identificare un terreno comune con le persone che intendi persuadere.*

È un processo di identificazione dei benefici condivisi in cui è fondamentale identificare i profitti tangibili del tuo obiettivo per le persone che stai cercando di persuadere. Se non sono prontamente evidenti, è meglio regolare la propria posizione fino a quando non si trova un giovamento condiviso.

I migliori persuasori studiano attentamente le questioni che contano per i loro colleghi. Usano conversazioni, incontri e altre forme di dialogo per raccogliere informazioni essenziali. Sono bravi ascoltatori e mettono alla prova le loro idee con persone fidate, mettendo in discussione le persone che in seguito persuaderanno. Spesso questo processo li induce a modificare o compromettere i propri piani prima ancora di iniziare a persuadere. È attraverso questo approccio ponderato e curioso che sviluppano cornici che attraggono il loro pubblico.

*Rafforza le tue posizioni usando un linguaggio vivido e prove convincenti.*

Le persone persuasive integrano i dati con esempi, storie, metafore e analogie per dare vita alle loro posizioni. Immagini di parole vivide conferiscono una qualità convincente e tangibile al punto di vista del persuasore. Connettiti emotivamente con il tuo pubblico.

Anche se ci piace pensare che i decisori utilizzino la ragione per prendere le loro decisioni, grattando sotto la superficie troveremo sempre delle emozioni in gioco. I bravi persuasori sono consapevoli del primato delle emozioni e le utilizzano in due modi importanti. In primo luogo, mostrano il proprio impegno emotivo per la posizione che stanno sostenendo (senza esagerare, il che sarebbe controproducente). In secondo luogo, hanno un senso forte e preciso dello stato emotivo del loro pubblico e adattano di conseguenza il loro tono e l'intensità delle loro discussioni.

*Evita i quattro grandi errori di persuasione*

Dalla sua scrupolosa ricerca, Conger ha concluso che i quattro maggiori errori nei grandi progetti di persuasione sono:

1. Il tentativo di concludere la discussione velocemente

In realtà, stabilirsi in una posizione di forza fin dall'inizio dà ai potenziali avversari qualcosa su cui aggrapparsi e combattere. È molto meglio non dare agli avversari un obiettivo chiaro.

2. Resistere al compromesso.

Troppe persone vedono il compromesso come una resa, ma questo è essenziale per la persuasione costruttiva. Prima che le persone accettino una proposta, vogliono vedere che il persuasore sia abbastanza flessibile da rispondere alle loro preoccupazioni. I compromessi possono spesso portare a soluzioni migliori, più sostenibili e condivise.

3. Pensare che il segreto della persuasione stia nel presentare posizioni forti.

Le posizioni forti contano, ma sono solo una componente tra tante. Ci sono altri fattori salienti, come la credibilità del persuasore e la sua capacità di creare una posizione reciprocamente vantaggiosa per se stessi e il proprio pubblico, per connettersi al giusto livello emotivo e per comunicare attraverso un linguaggio vivido che dia vita alle discussioni.

4. Supporre che la persuasione sia uno sforzo una tantum.

La persuasione è un processo, non un evento. Le soluzioni condivise vengono raramente raggiunte al primo tentativo.

Il più delle volte, la persuasione comporta l'ascolto di persone, testare e sviluppare una posizione che riflette l'input del gruppo, con una maggiore aggiunta di test che includano compromessi e quindi riprovare. Se questo suona come un processo lento e difficile, è perché lo è. Ma i risultati valgono lo sforzo.

## 6. Come cambiare lo stato emotivo di una persona (tecniche di PNL)

La Programmazione Neuro-Linguistica (PNL), in breve, è il metodo per eseguire una lieve ipnosi attraverso la conversazione a scopo di persuasione. Utilizzando determinati schemi linguistici verbali e non verbali, un maestro della PNL può innescare risposte specifiche nella mente subcosciente del soggetto.

Derren Brown — per esempio — usa queste tecniche nel suo programma televisivo britannico per eseguire prodezze di suprema persuasione, controllo mentale e malizia. Derren ci mostra l'incredibile potere di attingere al subconscio.

A quanto pare, Derren non è l'unico a fare questo tipo di acrobazia. Qualche anno fa un "ladro ipnotizzatore" italiano ha rubato quasi 800 euro a un impiegato di banca, semplicemente chiedendoglieli dopo averlo messo in uno stato di trance. Sfortunatamente, a differenza di Derren, il ladro non ha restituito i soldi alla fine del trucco.

Chiaramente, la capacità di persuadere qualcuno psicologicamente è un'abilità potente. In quanto tale, la PNL tende ad attrarre un vasto numero di donnaioli, truffatori e leader pericolosi.

Nonostante questi casi di uso improprio e dissolutezza, la PNL - fondata da Richard Bandler e John Grinder nella California del 1970 - non è stata progettata ai fini dell'inganno. Ma allora dov'è il confine tra influenza e manipolazione?

La PNL è fondata sulla capacità di stabilire connessioni forti con gli altri. Se crei connessioni artificiali, otterrai una soddisfazione artificiale.

Ciò a cui si riduce la PNL è una comunicazione efficace con gli altri e con sé stessi. Se pratichi la PNL con un approccio autentico ed etico, potresti imparare a risolvere meglio i problemi, stabilire connessioni e parlare in modo sicuro e persuasivo.

*Vuoi far cambiare idea a qualcuno? Fai una passeggiata con loro.*

All'inizio sono rimasto sorpreso dalla semplicità di questo approccio. Quando cammini accanto a qualcuno, ti connetti con la persona in modo diverso. Il motivo è che, per camminare accanto a qualcuno, devi avere un ritmo unificato. Quando sei a ritmo, anche il tuo respiro inizia a sincronizzarsi.

Se sei in una conversazione accesa e vuoi dissentire, smetti di camminare. Non c'è alcun motivo logico per cui non potresti continuare a camminare e avere un disaccordo, ma le persone non lo fanno mai.

*Risolvere un difficile problema personale con le sedie*

Innanzitutto, siediti su una sedia e pensa a un problema che hai e concentra su questo tutti i tuoi sensi e le tue emozioni. Mentre lo fai, presta molta attenzione al tuo focus interno ed esterno. Cosa noti degli elementi visivi, dei suoni e degli odori della stanza intorno a te? Come è cambiata la tua postura e come si sente il tuo corpo? Prenditi un momento per scrivere le tue osservazioni.

Siediti su una sedia diversa e pensa a una situazione che hai vissuto esattamente opposta a questa esperienza. Non dubitare di te stesso ma attieniti alla prima cosa che ti viene in mente. Ora, immergiti completamente in questo ricordo e fai di nuovo le stesse osservazioni. Crea una vivida rievocazione nella tua mente e cerca di comprendere e identificare ogni aspetto dell'esperienza: come ti senti, la tua postura, come agisci e il modo in cui i tuoi sensi interagiscono con il mondo che ti circonda. Se puoi prendi appunti.

Per l'ultima volta, torna al primo posto in cui eri seduto, ma questa volta mantieni forte la seconda esperienza. Rileggi le note che hai fatto sull'esperienza più favorevole. Cambia il modo in cui sei seduto per poter incarnare completamente questo stato d'animo.

Potresti trovare una soluzione immediata al tuo problema originale. Se non lo hai fatto, continua a spostarti tra le due sedie, fino a quando non puoi applicare efficacemente il tuo secondo stato mentale alla situazione del tuo primo problema.

*Una discussione non trova soluzione? Prova a cambiare posto.*

Se ti trovi in una situazione di stallo polemico, cambia semplicemente posto con l'altra persona. Sedendo al posto dell'altra persona, ti sarà più facile vedere la questione dal loro punto di vista. La semplicità di questa tecnica la rende leggermente assurda. Tuttavia, se provi questo metodo potresti trovarti sorpreso dalla differenza che il tuo stato fisico può avere sui tuoi processi mentali.

**Tecniche di PNL**

La programmazione neuro-lingustica (PNL) è l'arte e la scienza dell'eccellenza personale.

È considerata un'arte perché ogni individuo dà il suo tocco personale e il suo stile unico a ciò che sta facendo, e questo non può essere mai espresso a parole o con precise tecniche. D'altra parte è anche considerata una scienza perché esiste un metodo e un processo per scoprire i modelli utilizzati da individui in uno specifico campo, per ottenere risultati eccezionali: questo processo si chiama modellazione. I modelli, le abilità e le tecniche scoperte sono sempre più utilizzati nel campo dell'istruzione, della consulenza e delle imprese per ottenere una comunicazione più efficace, avere un maggiore sviluppo personale e accelerare l'apprendimento.

In parole semplici, la PNL implica influenzare il cambiamento su di te e sul resto del mondo dall'interno. Ci sono tantissime tecniche di persuasione della PNL che puoi iniziare ad applicare per influenzare positivamente gli altri.

*Cosa induce le persone a reagire in un certo modo?*

Quando parliamo di persuasione, la prima cosa chiave che dobbiamo prendere in considerazione è sapere cosa inducono le persone a compiere determinate azioni. Questa può essere una tecnica molto sottile ma altrettanto efficace.

Ad esempio, supponiamo che tu stia cercando di vendere la tua auto, pubblichi un annuncio online e un acquirente ti contatta. È probabile che, dando un'occhiata al sito, veda le diverse opzioni, quindi non comprerà l'auto solo perché glielo chiedi (a meno che tu non gli piaccia davvero).

Tuttavia, se sapessi quali sono i suoi bisogni più profondi potresti convincerlo. Diciamo che inizi a parlare con lui e noti che ha un bambino appena nato. Potresti iniziare a convincerlo ad acquistare l'auto parlando di tutte le sue caratteristiche di sicurezza, dell'ottimo spazio di cui sicuramente avrà bisogno e dello spazio per il passeggino. Potresti persino comprare un seggiolino per suo figlio e sfruttare quelle emozioni su di lui.

*Limitare la scelta*

Porre domande che limitino la scelta faciliterà il processo di persuasione. Questo tipo di domande dà l'illusione di avere un disparato numero di opzioni, quando in realtà limita le risposte possibili.

Ad esempio, supponiamo che tu esca con alcuni amici e li inviti a cena.

In uno scenario chiederai se vogliono mangiare pollo o pesce, permettendo loro di prendere una decisione, ma in realtà stai limitando la loro risposta a solo quelle due opzioni.

Nel secondo scenario chiederai "Vuoi mangiare pollo?" o "Vuoi mangiare pesce?". Le risposte a queste domande si limitano a un si o un no, lasciando spazio a tante altre possibilità nell'eventualità di una risposta negativa.

Ovviamente questo è un esempio molto semplice e anche nel primo scenario potrebbero chiedere di voler mangiare qualche altro tipo di cibo, ma l'idea chiave è posizionare la domanda in una forma persuasiva che renda più difficile per gli altri resistere ai suggerimenti che stai formulando.

*Usa la loro gerarchia di valori*

Fare leva sul carattere di una persona e sulla sua vera identità è un importante strumento di persuasione.

Se riesci a collegare ciò che vuoi con ciò che l'altra persona farebbe spontaneamente in una situazione simile, potresti avere ottime possibilità di convincerla a farlo. È un dato di fatto, se sei abbastanza persuasivo, potresti essere in grado di causare conflitti interiori che li costringerebbero ad agire nel modo che desideri.

Le persone danno valore praticamente a tutto. Hanno delle priorità e questo è ciò che le porta a prendere determinate decisioni e ad agire in un certo modo. Se riesci a identificare quali sono i valori chiave dell'altra persona che stai cercando di influenzare, avrai una grande possibilità di convincerla.

Alcuni valori universali sono: amore, salute, essere attraenti, sicurezza, famiglia, piacere, impressionare gli altri, felicità.

Pensa all'ultima cosa costosa che hai comprato e analizza perché l'hai acquistata. Quali sono i tuoi valori che ti hanno attratto? Cosa ti avrebbe impedito di acquistarlo? Cosa sarebbe potuto succedere se avessi pagato il doppio di quello che hai pagato? Le risposte a queste domande mostrano i valori che hai applicato a quell'acquisto.

Possiamo riutilizzare l'esempio dell'acquisto di un'auto.

Se una persona che sta cercando di acquistare un'auto ha un figlio, cosa sarà più importante? Acquistare un'auto sportiva a due posti o un'altra con le caratteristiche di un mezzo che ha maggiore sicurezza? La risposta rivelerà quali sono i loro valori gerarchici.

Per convincere gli altri dovresti prima chiederti:

Cosa è importante per questa persona?

Come posso rendere la mia offerta altrettanto preziosa?


"E" vs "Ma"

La parola "ma" è una parola molto potente. Se dico "Mio cugino è estremamente intelligente ma è pigro", potresti pensare che probabilmente non sta andando bene a scuola o al lavoro a causa della sua pigrizia.

Tuttavia, se riformulo la frase e dico: "Mio cugino è pigro ma è estremamente intelligente", la pigrizia sembra diminuire di importanza rispetto alla sua intelligenza.

Ora puoi fare un semplice esercizio con un amico.

Basta iniziare una conversazione con una frase su qualsiasi argomento. La seconda persona aggiunge una sua frase ma inizia con la parola "e". Poi la prima persona continua la conversazione con un'altra frase che inizia con "e". Continuate a parlare per diverse frasi ciascuno, ma assicuratevi che ogni frase inizi con la congiunzione "e".

Ora prova lo stesso esercizio una seconda volta; invece di collegare la seconda frase e le frasi successive con la parola "e", usa la parola "ma" e considera quanto tu stesso ti senti diverso al riguardo.

È probabile che le frasi con "e" ti facciano generalmente sentire ottimista, e le frasi dove viene utilizzato il "ma" sembreranno invece negative. Una volta che sei consapevole del potere che le parole hanno sulle tue interazioni quotidiane con le persone puoi iniziare a modificare il modo in cui comunichi agli altri per influenzarli.

Quando si tratta di persuasione e influenza, dobbiamo conoscere profondamente l'altra persona. Scopri quali sono i loro desideri, i loro obiettivi, le loro paure. Il segreto è concentrarsi su di loro, non su di te, e capire cosa vogliono a un livello più personale.

Naturalmente tutte le tecniche sopra elencate non sono scolpite nella pietra o non possono garantire che sarai sempre in grado di influenzare tutti; nonostante questo, ti daranno sicuramente un grande vantaggio e una buona base per iniziare a influenzare gli altri in modo positivo!

## 7. Come usare la comunicazione non verbale per influenzare le persone

Il linguaggio del corpo può aiutarti a trasmettere il tuo messaggio o può inviare il messaggio sbagliato. Per massimizzare la tua capacità di persuasione, in questo capitolo scopriremo cosa fare con i tuoi occhi, la tua voce e le tue mani.

Essere persuasivi significa scegliere attentamente le tue parole: una persuasione efficace richiede anche la "consegna" corretta del messaggio. Il linguaggio del tuo corpo può aiutarti a trasmettere il tuo messaggio, ostacolare la tua influenza o, peggio ancora, inviare un messaggio del tutto sbagliato.

*Chiedi di persona*

Se hai una richiesta importante, non inviare email. È meglio chiedere faccia a faccia. La tua richiesta sarà più persuasiva se presentata di persona. Per di più, è molto più facile dire "no" a una richiesta via email che al volto di qualcuno. Ma forse ancora più importante, guardando il linguaggio del corpo del tuo interlocutore puoi personalizzare il tuo messaggio mentre parli. Ad esempio, diciamo che quando descrivi un vantaggio della tua proposta, noti un lieve cenno che indica un "no". Questo è un piccolo indizio del fatto che il tuo partner potrebbe non essere d'accordo con te e puoi quindi utilizzare tali informazioni per cambiare il corso della conversazione.

Inoltre, la tua passione e le tue emozioni sono più contagiose di persona. Hai mai riso solo perché qualcun altro stava ridendo? Il punto è che, indipendentemente da quanti punti esclamativi, faccine o cuori metti per iscritto, questi non sostituiranno mai le emozioni reali vissute di persona attraverso espressioni facciali, voce e gesti.

Pensa a quanto è diverso ascoltare un podcast o leggere un libro. È un'esperienza completamente diversa. Persuadere al telefono presenta ostacoli simili; potresti non avere tutta l'attenzione del tuo interlocutore e non avrai l'opportunità di vedere le espressioni facciali o i gesti della persona con la quale stai parlando.

Quindi, se stai chiedendo qualcosa a qualcuno, chiedi di incontrarti di persona. Vai da loro. Invitali per un pasto insieme o per un caffè. Se stai cercando di convincere un gruppo, convoca una riunione. Infine, se non è possibile incontrarsi di persona, prova la seconda cosa migliore: una videoconferenza.

*Controlla il tuo linguaggio del corpo*

Tieni presente che quando ti incontrerai faccia a faccia, anche il tuo interlocutore ti vedrà. La prima cosa che noterà è la tua postura e questa invierà un messaggio istantaneo al tuo ascoltatore. Assicurati di seguire i consigli di tua nonna e di alzarti in piedi! Fa davvero la differenza sulla percezione della fiducia. Prima ancora di aprire la bocca, hai fatto una prima impressione.

Inoltre, il contatto visivo è uno strumento importante per aumentare la percezione di affidabilità. Usa i gesti delle mani per supportare ed enfatizzare i tuoi messaggi principali e mostrare un sorriso naturale, che ti rende più simpatico e credibile. Quando ti mostri sicuro, il tuo pubblico sarà più rilassato, aperto e pronto ad ascoltare.

Immagina per un momento che io sia in piedi di fronte a te, usando le mie braccia per fare i gesti appropriati, sorridendo naturalmente quando ha senso e guardandoti negli occhi. Come mi percepiresti se dicessi quanto segue?

"Non c'è niente di più importante dell'educazione dei nostri figli. Come genitore, sono sicuro che tu sia d'accordo. Si prega di votare per il referendum B."

Ora immagina di sentire la stessa cosa, ma questa volta ho le braccia conserte, la testa leggermente abbassata, nessuna espressione sul viso, scarso contatto visivo e una voce bassa e insicura.

Quale sarebbe la tua reazione? Cosa penseresti di me?

*Sii coerente*

Il problema con questo esempio è la comunicazione incoerente tra il mio linguaggio del corpo e le mie parole. Se il linguaggio del corpo e le parole sono incoerenti, l'ascoltatore deve decidere in quale credere. Quando i nostri messaggi sono in conflitto, l'ascoltatore fa quasi sempre affidamento sui segnali non verbali per prendere una decisione.

Se stai cercando di convincere un pubblico a sostenere la tua organizzazione di beneficenza, il tuo linguaggio del corpo deve supportarti. Gesti ombrosi come far vagare gli occhi, agitarsi o sogghignare susciteranno sospetti. Braccia aperte, piccoli gesti ed espressioni facciali che mostrano emozioni positive coinvolgeranno il tuo pubblico e ti renderanno credibile.

I dibattiti politici sono un'ottima istanza per tenere conto delle incongruenze tra il linguaggio del corpo e le parole. Potresti vedere un candidato sorridere mentre discute dell'elevata disoccupazione o dell'aumento dei prezzi del gas. Un candidato potrebbe dire di rispettare l'altro, ma la telecamera lo sorprende a ghignare, accigliato o alzando gli occhi in momenti inappropriati. Con messaggi incoerenti smettiamo di ascoltare le parole e prestiamo maggiore attenzione al linguaggio del corpo. Ecco perché qualcosa di piccolo come un sogghigno potrebbe costare fiducia e voti al candidato.

## Come usare il linguaggio del corpo in un discorso persuasivo

Ogni volta che parli, il tuo contenuto rimane in superficie per essere visto da tutti. Ma sotto quella superficie visibile, scorre un forte fiume di influenza. Questa è la corrente sotterranea che il pubblico non è in grado di identificare facilmente: la potente risacca creata dalla comunicazione non verbale.

Questi elementi di percezione e influenza precedono il linguaggio. In un certo senso, non possiamo nominarli o identificare il loro preciso potere. Ma lavorano sempre a fianco e sotto le parti identificabili dei nostri discorsi e presentazioni.

Ogni buon oratore deve imparare a usare il linguaggio del corpo a proprio vantaggio, poiché il corpo è uno strumento essenziale della comunicazione. Come oratori, siamo corpi che si muovono nello spazio e il pubblico reagisce con la stessa forza a ciò che vedono e percepiscono di noi dal linguaggio del corpo, come fanno con qualsiasi altro elemento della nostra comunicazione.

Ecco quattro modi in cui puoi usare il linguaggio del corpo per parlare con maggior potere per persuadere, motivare e ispirare il pubblico. Tre di questi suggerimenti riguardano il tipo di discorso che fai in termini di presenza. Il quarto prevede una pratica essenziale riguardante il linguaggio del corpo che devi usare in ogni discorso o presentazione che fai di persona.

*Per parlare quando sei in piedi*

Stai con i piedi divaricati alla larghezza dell'ascella per creare una presenza stabile e costante. Muoviti in maniera intelligente: troppi oratori vagano, camminano o si muovono senza scopo. Scegli una parte del palcoscenico per ogni punto principale che discuti e usa gli ausili visivi e persino il pubblico per dare espressione fisica al tuo messaggio. Per aumentare la tua presenza e il tuo carisma, impara questi esercizi di costruzione di abilità per un linguaggio del corpo efficace.

Fai gesti forti e limitati. Il gesto singolare che amplifica un punto importante è quello che aggiunge significato. Rendilo pulito e limitato: i gesti troppo frequenti o deboli non danno espressione fisica.

Usa le espressioni facciali. Gli ascoltatori decidono in parte se fidarsi di qualcuno dalle espressioni facciali e dallo sguardo negli occhi di chi parla. Un oratore inespressivo sta dando al pubblico troppo poco per andare avanti.

*Per parlare quando sei seduto*

Allontanati dalla parte posteriore della sedia. Stare troppo comodo su una sedia è una trappola quando parli. Quando devi mostrare impegno e passione, devi sollevarti e inclinarti leggermente in avanti.

Una buona postura da seduti mostra professionalità e aumenta l'autorità. Sporgersi in avanti è un indizio importante per i tuoi ascoltatori che sei impegnato e interessato.

Apriti. Un errore comune tra gli oratori seduti a un tavolo da gioco è quello di stringere le mani o riunire le braccia in una posizione "bloccata". Ciò crea una barriera fisica tra te e il tuo pubblico.

Solo perché ti siedi non significa che non puoi gesticolare. Troppi oratori diventano teste parlanti e non includono gesti di amplificazione o di supporto. Usa le braccia e le mani per rafforzare il tuo messaggio!

*Quando parli virtualmente*

Il pubblico con cui parli virtualmente o al telefono sentirà l'espressività fisica che usi quando parli. Se è necessario coinvolgerti completamente quando parli di persona, perché eliminare i movimenti quando parli al telefono o in un webinar?

Usa le cuffie. Non solo le cuffie ti permetteranno di fare movimenti e gesti, ma renderanno la tua voce più calda e vicina. Una volta presa l'abitudine, non vorrai più farne a meno.

Fai domande. Poiché gli ascoltatori non possono reagire agli indizi visivi che stai fornendo loro (come quando dovrebbero rispondere), devi fornire questi indizi vocalmente. Sia tu che il tuo pubblico sentirete di essere veramente connessi. E manterrai gli ascoltatori lontani dal multitasking!

Usa molta energia vocale. In assenza di indizi visivi vitali, la tua energia vocale deve trasmettere sicurezza e tranquillità. Senza gesti che gli ascoltatori possano vedere, hanno bisogno della tua voce per fare il punto e enfatizzare certe cose.

*Osserva il linguaggio del corpo del tuo pubblico*

Dirigi la tua energia verso l'esterno, non verso l'interno. Il linguaggio del corpo proveniente dal tuo pubblico è vitale quanto la comunicazione non verbale che stai inviando. Non preoccuparti troppo di te stesso, guarda il pubblico per vedere come rispondono i tuoi ascoltatori.

Quando noti movimenti, gesti, contatto visivo e piedi tremanti, presta attenzione se questi segnali cambiano. Questo è spesso un segno che stai perdendo il coinvolgimento degli ascoltatori. Cambia ritmo e approccio quando necessario.

**Alcuni trucchi da imparare**

Usiamo spesso le nostre parole per influenzare gli altri, ma in che modo la comunicazione non verbale trasmette significato sulla nostra abilità di persuasione?

Un recente studio rivela che il 75% del significato emotivo viene trasmesso attraverso canali non verbali. In effetti, quando i canali non verbali e verbali inviano messaggi contraddittori, le persone attribuiscono più importanza ai segnali non verbali.

L'European Journal of Social Psychology riporta un esperimento in cui ai soggetti è stato chiesto di valutare le videocassette di un artista che legge messaggi amichevoli, neutrali e ostili in uno stile non verbale amichevole, neutrale o ostile. Questi messaggi e stili non verbali erano stati precedentemente presentati in modo indipendente a un gruppo separato di soggetti per la valutazione. Questi soggetti presentati separatamente hanno valutato il messaggio verbale e gli stili non verbali, attribuendo loro un punteggio individuale. Alla seconda serie di argomenti è stata presentata una combinazione di stili verbali (messaggi) e non verbali (stili), alcuni corrispondenti e altri disparati. I risultati degli esperimenti indicano che i segnali non verbali hanno avuto un effetto maggiore sulle valutazioni effettuate su scale a 7 punti, rispetto ai segnali verbali. I risultati hanno mostrato un rapporto di 1,67:1.

Da questo studio e da molti altri, apprendiamo quanto sia importante l'elemento non verbale di una conversazione che influenza efficacemente gli altri.

Usiamo la comunicazione non verbale per modellare le impressioni di noi stessi (migliorando la nostra credibilità), per stabilire un rapporto, per facilitare l'attenzione, per modellare il comportamento (prova sociale, come indossare una cintura di sicurezza), per segnalare aspettative (come indicare quale direzione si prenderà) e violerà le aspettative degli altri (stare nello spazio personale di qualcuno).

*Stabilire un contatto visivo*

Un ottimo contatto visivo trasmette interesse e attenzione, attrazione, simpatia, calore e immediatezza. In genere migliora la persuasione.

Il dominio e la sottomissione mostrano anche una correlazione diretta con chi mantiene lo sguardo più a lungo, con quelli che distolgono lo sguardo in modo più sottomesso.

Sii consapevole di quanto guardi una persona negli occhi quando parli.

*Sii rispettoso, ma occupa spazio*

Le persone più persuasive occupano più spazio rispetto agli altri; dominano non solo il proprio spazio personale, ma anche parte di quello altrui. Alcune posture comunicano emozioni, e la ricerca mostra che anche le persone nate cieche alzano le braccia a forma di V e sollevano leggermente il mento quando vincono una competizione fisica.

Ma sii consapevole anche di ciò che i sociologi chiamano proxy: la relazione dell'individuo e il suo spazio circostante. Ciò varia in base ad elementi culturali ma, in generale, gli spazi sono suddivisi come segue:

Zona intima: questa è la zona che una persona custodisce come proprietà individuale. Solo un partner romantico, amici intimi e parenti possono entrare.

Zona personale: questa è la distanza che manteniamo dagli altri durante interazioni amichevoli, incontri sociali o feste.

Zona pubblica: questa è la distanza che manteniamo da estranei o persone che non conosciamo bene.

Zona sociale: questa è la distanza confortevole che manteniamo mentre interagiamo o ci rivolgiamo a un grande gruppo di persone.

Esistono inoltre determinate posizioni di potere, che possono aumentare le tue capacità persuasive. Queste includono lo stare in piedi con le gambe ben divaricate o allungare le braccia sopra la tua testa in segno di vittoria. Queste pose producono cambiamenti significativi e immediati nella chimica del tuo corpo. Dopo solo due minuti in una posa del genere, i livelli di testosterone - l'ormone "dominante" - possono salire del 20%.

*Mostra un sorriso genuino*

Sorridere è un comportamento di risposta. Sorridere trasmette calore, attrazione e sincerità.

I camerieri che sorridono ricevono mance migliori e i candidati che sorridono vengono classificati in modo più favorevole. Ma non fingere un sorriso. I sorrisi falsi sono creati attraverso l'uso di un singolo muscolo che si collega agli angoli della bocca; invece, i sorrisi genuini coinvolgono anche l'orbicularis oculi, un muscolo che circonda il bulbo oculare.

*Usa i gesti delle mani*

Quando le persone sono appassionate di ciò che stanno dicendo, i loro gesti diventano automaticamente più animati. Parlare senza muoversi, stando completamente fermi trasmette che l'oratore non ha alcun investimento emotivo nelle questioni. Un famoso esempio di questo tipo di oratore è Al Gore. Durante la sua campagna presidenziale, il 65% degli intervistati ha dichiarato che la "rigidità" di Gore è un problema per la sua campagna. Inoltre, il 64% in un altro sondaggio lo ha definito noioso.

I gesti esemplificano e illustrano. I gesti possono trasformare una noiosa comunicazione verbale in una conversazione molto più interessante. Possono aiutare a impedire agli occhi delle persone di velarsi. La gestualità controlla anche il ritmo degli scambi: possono trasmettere messaggi o informazioni con maggiore effetto, precisione e velocità, di quanto non possano fare le parole.

Non tenere le mani in tasca o dietro la schiena; usale per gesti significativi e con il palmo aperto poiché aiutano gli altri a impegnarsi e ad avere fiducia in te.

È importante abbinare il tono, l'intonazione e la velocità della consegna delle parole con la comunicazione non verbale. L'incongruenza tra i due crea un senso di confusione tra i tuoi ascoltatori mentre provano a valutare in quale comunicazione credere: ciò che vedono o ciò che sentono.

Durante le tue interazioni o presentazioni, prova a chiederti:

1. Cosa sta dicendo il mio corpo?

2. Corrisponde al contenuto del mio intervento?

3. Aiuta o distrae?

4. Sono troppo rigido, il che può portare alla noia, o troppo drammatico, il che può portare alla sfiducia?

Esercitati pur rimanendo genuino. Non passare alla "modalità predicatore": quando una persona tranquilla urla e gesticola apertamente. Sii te stesso, ma sii il tuo io migliore.

## 8. Come proteggersi dalla manipolazione altrui

Tutte le emozioni, buone o cattive, servono a uno scopo - ma fai attenzione a coloro che vogliono usare il potere delle emozioni per manipolarti. Se ti identifichi come un empatico, questo avrà particolare rilevanza per te, poiché questo gruppo di persone è più vulnerabile a raccogliere energia negativa dagli altri. La prossima volta che senti di essere vittima di una manipolazione emotiva consulta questi suggerimenti per proteggere il tuo campo di energia.

*Non cadere nella loro trappola*

Le persone che si divertono a giocare con le emozioni degli altri usano qualsiasi tipo di tattica, come confusione, senso di colpa e rabbia, per influenzarti come vogliono. Se devi affrontare spesso questo tipo di persone, come nel tuo posto di lavoro, ignorale o sorprendile dicendo loro qualcosa di carino invece di accoglierle con un atteggiamento combattivo. I manipolatori emotivi prosperano nell'avere un effetto sugli altri, quindi assicurati di non dare loro quello che vogliono - dopo diversi tentativi falliti, potrebbero iniziare a lasciarti in pace.

*Scriviti da qualche parte cosa dicono durante le vostre conversazioni*

Anche se può sembrare un po' esagerato, i manipolatori emotivi hanno l'abitudine di farti sembrare il cattivo e di distorcere le loro parole per adattarle a qualsiasi obiettivo. Potresti effettivamente iniziare a credere a volte di aver fatto qualcosa di sbagliato, quando in realtà sei caduto vittima del loro terribile piano di manipolazione.

Per essere sicuro di poter mostrare loro ciò che hanno detto nelle conversazioni precedenti, annota tutti i dettagli che ritieni possano essere opportunamente modificati in seguito per giustificare il loro comportamento. Potrebbero anche provare a convincerti che non hanno mai detto una certa cosa, ma in questo modo potrai effettivamente dimostrare che l'hanno fatto con i tuoi appunti.

Diventa intelligente nel proteggerti dalla loro ira e presto potrebbero scoraggiarsi dall'utilizzarti come giocattolo emotivo.

*Evitali del tutto se possibile*

Ovviamente, evitare manipolatori e istigatori emotivi eliminerà totalmente le tue possibilità di caderne vittima. Per fare ciò, fai del tuo meglio per leggere l'energia delle persone quando le incontri per la prima volta. Se non ti fanno una buona impressione, fidati semplicemente del tuo istinto e fai il possibile per evitarli sempre. Lavorare nello stesso ufficio di un manipolatore emotivo può essere un po' più complicato, ma mira a limitare il più possibile le interazioni con la persona. Ti risparmierai molta energia e salute mentale.

*Sii molto chiaro su ciò che pensi del loro comportamento*

Queste persone hanno probabilmente dominato gli altri per così tanto tempo e non si sono mai confrontate con nessuno al riguardo. Difendi te stesso e fai sapere loro che ti fanno sentire a disagio e sfruttato. Anche se negano il loro comportamento o provano a rigirarlo, almeno potrai riposare tranquillamente sapendo di esserti difeso da solo. Forse cominceranno a cambiare il loro comportamento; dopo tutto, una volta spaventati tutti, non avranno più nessuno da manipolare.

*Evita il loro attacco emozionale*

Più facile a dirsi che a farsi, soprattutto se non mostrano immediatamente chi sono davvero. Presta attenzione al primo segno del loro completo sfruttamento delle tue emozioni, allontanati lentamente dalla relazione e assicurati di far loro presente i tuoi confini. I manipolatori emotivi scrutano costantemente l'orizzonte per la loro prossima vittima, ma è molto più facile distanziarsi da loro se non hai investito troppo nella relazione, tanto per cominciare. Se devi parlare con loro, mantieni un rapporto cordiale e civile, ma non lasciarlo andare oltre se vuoi prenderti cura del tuo benessere emotivo.

*Meditare spesso*

Per mantenere il tuo benessere, devi mettere a tacere la mente, respirare profondamente e rilassarti per gestire adeguatamente te stesso e i tuoi problemi. Questo ti aiuterà a gestire i manipolatori emotivi molto meglio perché godrai della pace interiore, non importa quanto caos si sviluppa intorno a te. La meditazione, in particolare, ti permetterà di coltivare la compassione per questa persona e forse aiutarti a comprendere ciò che hanno passato nella loro vita. Incontra l'ostilità con amore e comprensione e potresti vederli trasformarsi in una nuova persona.

*Ispirare il prossimo*

È importante "essere il cambiamento" e, in questo caso, ciò ti proteggerà inavvertitamente perché i manipolatori emotivi non emetteranno vibrazioni negative dopo che saranno stati ispirati dalle tue azioni positive non manipolative. Aumenta i benefici della meditazione, assumendoti la responsabilità della tua vita, seguendo le tue vere passioni, facendo volontariato, mangiando bene ed esercitandoti. Usa tutte le conoscenze che hai acquisito su come diventare il tuo io migliore per aiutare gli altri a diventare loro stessi.

*Dì loro "Hai ragione"*

Per quanto possa essere difficile per l'ego, la tua anima ti darà un applauso e forse un'ovazione. I manipolatori emotivi si nutrono di dramma e caos, quindi dichiararti d'accordo con loro li lascerà senza parole e spegnerà rapidamente le fiamme della loro delusione. Solo per il piacere di mantenere la tua tranquillità, semplicemente lascia che vincano la discussione. Sai in fondo che il loro comportamento e le loro accuse sono sbagliate, ma le conseguenze per loro arriveranno da qualche altra parte.

*Lascia andare subito!*

Se noti questo tipo di comportamento nel tuo ragazzo, fidanzato o coniuge, dovresti lasciare quella relazione a favore del tuo benessere. Non puoi forzare una persona a cambiare, non importa quante volte hai menzionato il suo comportamento volatile. Ti meriti qualcuno che nutrirà e bilancerà le tue emozioni, non qualcuno che vuole usarti per il proprio divertimento personale.

*Sviluppa una mentalità forte*

Non lasciare che i loro insulti abbiano alcun effetto su di te; ridi di loro o semplicemente ascolta ciò che vogliono dire senza essere d'accordo con loro. Se sai che tipo di persona sei e hai un forte senso di autostima, nulla di quello che dicono ti abbatterà mai.

*Sii positivo*

Un manipolatore emotivo può offuscare completamente il tuo umore, quindi assicurati di ripristinarlo con affermazioni e messaggi edificanti. Prosperano nel vedere il tuo umore andare in rovina, quindi quando ti vedono non influenzato dalle loro osservazioni sfacciate, non avranno motivo di tormentarti più.

**Come riconoscere un manipolatore**

I manipolatori sono ovunque: nelle case, nelle scuole, nelle chiese, nei luoghi di lavoro. I manipolatori si infiltrano ovunque possano influenzare gli altri come più gli piace.

Quali sono le tattiche dei manipolatori? Alcune sono palesi; altre sono meno ovvie.

*Bullismo.* Questo è l'approccio violento, e non è così sottile. Il messaggio sottostante è: "Se non fai quello che voglio, ti sarà fatto del male."

*Senso di obbligo.* Questa tattica prevede l'utilizzo del "dovresti". "Dovresti farlo per essere una brava persona". "Dovresti soddisfare le mie esigenze". Dovresti "qualcosa".

Il messaggio di fondo è che se non fai ciò che "dovresti", allora sei cattivo, inaffidabile, sleale, un cattivo marito, figlio, amico, parente.

*Sarcasmo o ironia.* Questi si presentano sotto forma di scherzo e quando confronti l'altra persona, questa afferma: "Sei troppo sensibile. Non posso scherzare?" Il messaggio di fondo è: "Sii chi voglio che tu sia o ti colpirò con le mie parole".

*Comportarsi da vittima.* Il manipolatore che si autocommisera e agisce in modo tragico dopo essere ferito (trattandoti come se fossi un cattivo senza cuore). Per non sentirti un cattivo senza cuore devi fare o essere ciò che il manipolatore vuole.

*Sospirare/sbattere/guidare in modo irregolare.* Questa palese tecnica manipolativa è progettata per punirti. Il messaggio di fondo per te quando la persona amata sbatte la porta, si precipita via, preme rabbiosamente il freno e l'accelleratore, è: "Le mie aspettative non sono state soddisfatte da te, quindi non parlerò direttamente con te, ma piuttosto esprimerò il mio disprezzo per te attraverso le mie azioni."

*Senso di colpa.* Tramite dichiarazioni come "Wow, quanto sei fortunato!" o "Se solo anch'io potessi permettermi il lusso di..." il manipolatore sa esattamente come premere i pulsanti giusti.

*Doccia di attenzioni.* Questo tipo di manipolatore cerca di comprarti con regali e/o facendo complimenti eccessivi. Sotto la sua generosità si nascondono delle forzature e, se non ricambi come previsto, ci sarà l'inferno da pagare.

*Trattamento del silenzio/broncio.* Queste tattiche sono mezzi di punizione passivo-aggressivi per le infrazioni che hai commesso. Questa manipolazione è così dolorosa che la vittima farà tutto il possibile per evitarla.

*Stallo intenzionale.* Devi aspettare per tanto tempo la persona in questione? Si lamenta costantemente? Se sì, molto probabilmente, hai a che fare con una persona che vuole controllare te e la situazione, ma lo sta facendo in modo nascosto.

Questo elenco non è esaustivo e i metodi per manipolare qualcuno sono vari quanto l'individualità. Basti dire che i manipolatori possono adattare la loro manipolazione specificamente all'individuo con cui si relazionano.

I due motivi principali che guidano il comportamento dei manipolatori sono:

1) Controllare la relazione e/o la situazione
2) Evitare le responsabilità personali

Se ti trovi all'estremità ricevente di un manipolatore, non perderti d'animo, ci sono modi per proteggerti e prenderti cura di te in questo tipo di relazione.

Devi capire che non hai bisogno dell'approvazione di altri e non devi lasciare che gli altri ti definiscano.

L'unico modo in cui la manipolazione può funzionare è se tu lo permetti. Il tuo manipolatore ti ha studiato e conosce i tuoi punti deboli. Sa che vuoi prenderti cura di lui, essere l'eroe, perdonare, sacrificarti. Userà le sue manipolazioni per sfruttare le tue debolezze (e i tuoi punti di forza) a suo vantaggio.

L'unica via d'uscita da questo tipo di dinamica relazionale è smettere di preoccuparsi di qualunque sia il messaggio implicito che sta cercando di trasmetterti. Ecco alcuni interventi da utilizzare su te stesso per aiutare a mitigare il potere del manipolatore su di te:

- Vedi gli stratagemmi manipolativi per quello che sono: strategie per controllarti.
- Smetti di aver bisogno che l'altra persona cambi. Permettigli semplicemente di essere un manipolatore se questo è il suo desiderio. Dopotutto, non puoi controllare l'altra persona più di quanto l'altra persona dovrebbe controllarti. Accettalo e arrenditi.

- Smetti di difenderti. Se inizi a notare che ti senti sulla difensiva, smetti di parlare e vai via.
- Annulla il controllo del manipolatore su di te. Smetti di dover soddisfare i suoi bisogni.
- Aspettati che il manipolatore usi diversi metodi per controllarti. Una volta che smetti di cedere alle sue manipolazioni, alzerà la posta in gioco. Sii preparato.
- Stai calmo. Non lasciare che il manipolatore ti metta sotto pressione.

## 9. La persuasione in altri contesti

*La carota e il bastone*

Gli esseri umani sono cablati per muoversi verso il piacere, come un cavallo verso una carota e lontano dal dolore, come un asino evita un bastone. Quando le persone leggono o vedono le tue pubblicità, le "carote", o le promesse di guadagno, possono riempire le tue prospettive di speranza e costringere le persone a perseguire quel potenziale sentimento di piacere. I "bastoni", le possibilità di perdita, evocano paura nei tuoi potenziali clienti, che li costringono a fuggire da quella potenziale sensazione di dolore.

Entrambe le tattiche possono attirare le tue prospettive in una narrazione ed evocare emozioni che ispirano l'azione desiderata. Le carote, come il vantaggio di un prodotto, invogliano le persone a compiere l'azione desiderata. I bastoni, d'altra parte, come le campagne anti-fumo, evocano la paura nelle persone di smettere di fare una certa azione e iniziare a fare qualcos'altro.

*Un messaggio per annuncio*

Per attirare immediatamente l'attenzione delle persone e convincerle a leggere o guardare il resto di una pubblicità, prova ad attenerti ad un solo messaggio. Evidenziando il tuo prodotto o il principale vantaggio o funzionalità dell'offerta renderai facile per i tuoi clienti comprenderne il valore e aumenterà la probabilità di persuasione perché stai trasmettendo un solo messaggio al tuo pubblico: la caratteristica principale del tuo prodotto gioverà in qualche modo alla vita del tuo cliente.

*Scrivi in seconda persona*

Poiché i tuoi potenziali clienti si preoccupano principalmente di come puoi aiutarli, e pronomi come "tu" e "tuo" possono coinvolgerli a livello personale e aiutarli a inserirsi nella narrazione che stai creando, scrivere annunci pubblicitari in seconda persona può istantaneamente attirare la loro attenzione e aiutarli a immaginare un futuro con il tuo prodotto o servizio che migliora la loro vita.

*Dai al tuo pubblico un senso di controllo*

Secondo una ricerca condotta da tre professori di psicologia alla Rutgers University, la necessità di controllo è biologica e psicologica. Le persone devono sentirsi come se avessero il controllo sulla propria vita.

Se vuoi dare al tuo pubblico un senso di controllo, devi dare loro la possibilità di scegliere. In altre parole, dopo aver letto o visto il tuo annuncio, devono sentirsi come se potessero scegliere tra l'opzione che suggerisci o un altro percorso. Se hanno la sensazione che tu stia cercando di costringerli ad acquistare il tuo prodotto, si arrabbieranno e si disimpegneranno dal tuo messaggio.

Per dare al tuo pubblico la possibilità di scegliere, usa frasi come "Sentiti libero" o "Nessuna pressione" nelle tue pubblicità.

*Ripetizione*

Chiunque abbia una buona conoscenza dell'apprendimento e della psicologia ti dirà che la ripetizione è un fattore cruciale. È anche fondamentale nella scrittura persuasiva, dal momento che una persona non può essere d'accordo con te se non capisce veramente quello che stai dicendo.

Certo, c'è una ripetizione buona e una cattiva. Per stare dalla parte giusta, ricalca il tuo messaggio in diversi modi: direttamente, usando un esempio, inserendolo in una storia, tramite una citazione di una persona famosa...

*Le ragioni per cui*

Ricorda il potere della parola "perché". Gli studi psicologici hanno dimostrato che le persone hanno maggiori probabilità di soddisfare una richiesta se si dà loro semplicemente un motivo, anche se tale motivo non ha senso.

Non ci piace sentirci dire o chiedere di agire senza una spiegazione ragionevole. Quando hai bisogno che le persone siano ricettive alla tua linea di pensiero, spiega sempre il perché.

*Congruenza*

La coerenza nei nostri pensieri e azioni è un tratto sociale apprezzato da chiunque, associato a integrità e comportamento razionale. Apparire incoerenti, invece, è una caratteristica associata a instabilità e volubilità.

Usa questo nei tuoi scritti facendo in modo che il lettore sia d'accordo con qualcosa con cui molte persone avrebbero difficoltà a non essere d'accordo. Quindi esponi rigorosamente il tuo caso, con molte prove a sostegno, il tutto riconducendo il tuo ultimo punto allo scenario iniziale che è già stato accettato.

*Confronti*

Metafore, similitudini e analogie sono i migliori amici dello scrittore persuasivo. Quando riesci a mettere in relazione il tuo scenario con qualcosa che il lettore accetta già come vero, sei sulla buona strada per convincere qualcuno a vedere le cose a modo tuo.

Ma i confronti funzionano anche in altri modi. A volte puoi essere più persuasivo confrontando le mele con le arance (giusto per usare una metafora efficace). Non confrontare il prezzo del tuo corso di studio a casa con il prezzo di un corso simile: confrontalo invece con il prezzo di un seminario dal vivo o con la tua tariffa oraria di consulenza.

*Agitare e risolvere*

Innanzitutto, identifichi il problema e qualifichi il tuo pubblico. Poi, agiti il lettore prima di offrire la tua soluzione. La fase di agitazione non riguarda l'essere sadici; si tratta di empatia. Il lettore deve sapere inequivocabilmente che tu comprendi il suo problema perché lo hai affrontato e/o hai esperienza nell'eliminarlo. La credibilità della tua soluzione aumenta se dimostri di sentire davvero il dolore del potenziale cliente.

*Pronosticare*

Un'altra tecnica di persuasione consiste nel fornire ai tuoi lettori uno sguardo al futuro. Se puoi presentare in modo convincente un'estrapolazione di eventi attuali in probabili risultati futuri, potresti raggiungere risultati davvero stupefacenti.

Tutta questa strategia si basa sulla credibilità. Se non hai idea di cosa stai parlando, finirai per sembrare sciocco. Ma se puoi sostenere i tuoi reclami con le tue credenziali o la tua comprensione dell'argomento, questa è una tecnica estremamente convincente.

*Unifica... Selettivamente*

Nonostante i nostri tentativi di essere sofisticati ed evoluti, noi umani siamo esclusivi per natura. Offri a qualcuno la possibilità di far parte di un gruppo del quale vuole far parte, e salirà a bordo di qualunque treno tu stia guidando.

Questa è la tecnica utilizzata nella maggior parte dei testi persuasivi. Scopri di quale gruppo le persone vogliono far parte e offri loro un invito a unirsi - apparentemente escludendo gli altri.

*Narrativa*

Lo storytelling è davvero una tecnica universale: puoi e dovresti usarla in combinazione con una qualsiasi delle strategie precedenti. Ma il motivo per cui lo storytelling funziona così bene sta nel cuore di ciò che è davvero la persuasione.

Le storie consentono alle persone di immedesimarsi, connettersi, persuadersi - e questo è davvero importante. Potresti dire che non convinciamo mai nessuno di niente, semplicemente aiutiamo gli altri a decidere autonomamente che abbiamo ragione. Fai tutto il possibile per raccontare storie migliori e scoprirai di essere una persona terribilmente persuasiva.

## Conclusione

Dopo aver studiato i leader politici, sociali, commerciali e religiosi più influenti e aver provato innumerevoli tecniche, abbiamo visto le nozioni fondamentali di "psicologia nera" per persuadere gli altri.

Ricorda che la persuasione non è coercizione (che avviene tramite l'utilizzo della forza bruta) per indurre qualcuno a fare qualcosa che non è nel suo interesse. La persuasione è l'arte di indurre le persone a fare cose che sono nel loro miglior interesse e che ti avvantaggiano allo stesso tempo. Quindi, la persuasione dovrebbe essere sempre usata con le migliori intenzioni: questo ti assicurerà i risultati migliori.

Tutti possono essere persuasi, dato il giusto tempismo e contesto, ma non necessariamente a breve termine. Le campagne politiche concentrano il proprio tempo e denaro su un piccolo gruppo di elettori che decidono le elezioni. Il primo passo della persuasione è sempre quello di identificare quelle persone che in un determinato momento sono persuadibili dal tuo punto di vista e focalizzare la tua energia e attenzione su di esse.

Le basi della persuasione sono contesto e tempistica. Il contesto crea uno standard relativo di ciò che è accettabile. Il tempismo determina ciò che vogliamo dagli altri e dalla vita. Abbiamo scelto di sposare un tipo di persona diverso da quello che frequentavamo quando eravamo più giovani, perché ciò che vogliamo cambia con il tempo.

Perché la persuasione avvenga correttamente, ci si deve assicurare che il nostro interlocutore sia interessato. Non puoi mai convincere qualcuno che non è interessato a ciò che stai dicendo. Siamo tutti più interessati a noi stessi e passiamo la maggior parte del nostro tempo a pensare al denaro, all'amore o alla salute. La prima arte della persuasione è imparare a parlare costantemente di questi argomenti con le altre persone: in questo modo avrai sempre la loro attenzione.

Inoltre, è importante ricordare il principio di reciprocità: quando faccio qualcosa per te, tu ti senti obbligato a fare qualcosa per me. Fa parte del nostro DNA evolutivo aiutarsi a vicenda per sopravvivere come specie. Ancora più importante, puoi sfruttare la reciprocità in modo sproporzionato a tuo favore. Fornendo piccoli gesti di considerazione agli altri, puoi chiedere di più in cambio e gli altri lo forniranno felicemente.

La persona che è disposta a continuare a chiedere ciò che desidera e continua a dimostrare valore, è in definitiva la più persuasiva. Il modo in cui così tanti personaggi storici hanno alla fine persuaso masse di persone è rimanere persistenti nei loro sforzi e nel loro messaggio. Considera Abraham Lincoln, che perse sua madre, tre figli, una sorella, la sua ragazza e otto elezioni prima di essere eletto presidente degli Stati Uniti.

Siamo tutti così positivamente colpiti dai complimenti e siamo più propensi a fidarci delle persone per le quali proviamo sentimenti positivi. Prova a complimentare le persone sinceramente e spesso per cose per le quali non sono in genere complimentate: è la cosa più semplice che puoi fare per convincere gli altri.

La persuasione sta anche nel gestire le aspettative altrui. Viene premiato l'amministratore che promette un aumento del 20% delle vendite e ottiene un aumento del 30%, mentre un amministratore che promette un aumento del 40% ed ottiene il 35% viene punito. La persuasione riguarda semplicemente la comprensione e il superamento delle aspettative degli altri.

Non dare mai per scontato ciò di cui qualcuno ha bisogno, offri sempre il tuo valore. Nelle vendite spesso ci tratteniamo dall'offrire i nostri prodotti o servizi perché presumiamo che gli altri non abbiano soldi o interesse. Non dare per scontato ciò che gli altri potrebbero desiderare o meno, offri ciò che puoi fornire e lascia a loro la scelta finale.

Ricorda inoltre di infondere un senso di urgenza nelle persone per farle agire immediatamente. Se non siamo abbastanza motivati dal desiderare qualcosa in questo momento, è improbabile che troveremo quella motivazione in futuro. Dobbiamo convincere le persone nel presente e l'urgenza è il nostro asso nella manica.

A volte il modo più efficace per persuadere qualcuno è raccontare loro qualcosa che nessun altro è disposto a dire. Affrontare la dura verità è uno degli eventi più penetranti e significativi che accadono nella nostra vita. Dì la verità senza giudicare l'altro, e spesso troverai le risposte che otterrai abbastanza sorprendenti.

Ricorda che ci piacciono le persone come noi. Questo si estende oltre le nostre decisioni coscienti ai nostri comportamenti inconsci. Rispecchiando e abbinando altri comportamenti abituali (linguaggio del corpo, cadenza, schemi linguistici, ecc.) creerai un senso di relazione in cui le persone si sentono più a loro agio con te e diventano più aperte ai tuoi suggerimenti.

**Quali sono le abilità necessarie per diventare un persuasore?**

Flessibilità comportamentale - È una persona con flessibilità, non necessariamente la massima potenza, che ha il controllo. I bambini sono spesso così persuasivi perché utilizzano una serie di comportamenti per ottenere ciò che vogliono (fare il broncio, piangere, contrattare, supplicare), mentre i genitori sono bloccati con la sola risposta "No". Più ampio è il tuo repertorio di comportamenti, più persuasivo sarai.

Trasferire la propria energia - Alcune persone ci drenano della nostra energia, mentre altri ci infondono con essa. Le persone più persuasive sanno come trasferire la propria energia agli altri, per motivarli e rinvigorirli. A volte basta il contatto visivo, il contatto fisico, le risate, l'eccitazione nelle risposte verbali o anche solo l'ascolto attivo.

Comunicare chiaramente - se non riesci a spiegare il tuo concetto o punto di vista a uno studente di terza media, in modo tale da poterlo spiegare con sufficiente chiarezza a un altro adulto, è troppo complicato. L'arte della persuasione sta nel semplificare qualcosa fino in fondo e nel comunicare agli altri ciò a cui tengono veramente.

Essere preparati - Il tuo punto di partenza dovrebbe essere sempre quello di conoscere meglio le persone e le situazioni intorno a te. Una preparazione meticolosa consente un'efficace persuasione. Ad esempio, migliorerete notevolmente le vostre probabilità di ottenere il lavoro ad un colloquio, essendo a conoscenza dei prodotti, servizi e precedenti dell'azienda.

Mantieni la calma nei conflitti - Nessuno è più efficace quando è agitato. In situazioni di intensa emozione, avrai sempre il massimo vantaggio rimanendo calmo, distaccato e privo di emozioni. Nei conflitti, le persone si rivolgono a coloro che hanno il controllo delle proprie emozioni e si affidano a loro in quei momenti per guidarle.

Usa la rabbia intenzionalmente - La maggior parte delle persone è a disagio con i conflitti. Se sei disposto ad innalzare una situazione a un livello elevato di tensione e conflitto, in molti casi gli altri arretreranno. Usa questo consiglio con parsimonia, e non farlo in modo emotivo o a causa della perdita di autocontrollo. Ma ricorda, puoi usare la rabbia intenzionalmente a tuo vantaggio.

Fiducia e certezza - Non esiste qualità tanto convincente, inebriante e attraente quanto la certezza. La persona che ha un senso sfrenato di certezza sarà sempre in grado di convincere gli altri. Se credi davvero in quello che fai, sarai sempre in grado di convincere gli altri a fare ciò che è giusto per loro, ottenendo in cambio ciò che desideri.

Spero che tu abbia trovato questi consigli utili ed interessanti. Ora tocca a te metterli in pratica e sperimentarli nella tua vita quotidiana e lavorativa.

Alla prossima!

*Vincenzo Colombo*

## L'autore consiglia...

**Linguaggio del Corpo: Come capire le persone e i loro comportamenti attraverso la comunicazione non verbale (Comunicazione Persuasiva Vol. 1)**

**Grazie a questo libro, scoprirai come analizzare da testa a piedi chi hai di fronte e interpretare correttamente i segnali involontari provenienti dal suo corpo.**

Imparerai come decifrare il nostro linguaggio segreto, quello che non mente mai, anche se gli altri cercano di nascondere i loro segreti.

Pensa come sarebbe diversa la tua vita se riuscissi a capire al volo cosa pensano gli altri, semplicemente guardando in che posizione si trovano o ascoltando il loro tono di voce!

Inoltre, potrai utilizzare il linguaggio del corpo a tuo vantaggio per stringere amicizie, creare rapporti profondi, superare qualsiasi colloquio di lavoro ed accrescere il tuo livello di energia.

**Ecco cosa scoprirai all'interno di "Linguaggio del Corpo":**

- Quali sono i dettagli a cui prestare attenzione durante una conversazione
- Come analizzare i gesti, le emozioni e le espressioni involontarie delle persone
- Le tecniche usate da psicologi e psicoterapeuti per capire all'istante la personalità di chi ti sta davanti
- Come convincere gli altri a farti dei favori in modo etico, semplicemente tramite il tuo linguaggio del corpo
- Come capire cosa pensano gli altri di te, decifrando i micro-segnali del loro viso
- Come correggere il tuo atteggiamento e fare una migliore impressione, con chiunque
- Come comportarsi durante un appuntamento galante e stabilire con certezza se un ragazzo/a è interessato/a a te
- Come smascherare un bugiardo in pochi secondi...

L'obiettivo di questo libro è di dare consigli **PRATICI** ed **APPLICABILI** sulla comunicazione non verbale, attraverso le migliori strategie tutt'ora in uso dagli psicologi più famosi al mondo. All'interno troverai tecniche, esempi ed esercizi che ti trasformeranno in un maestro della comunicazione, anche se stai partendo da zero.

Che tu sia un impiegato, un dirigente, un imprenditore, un insegnante, un medico o anche semplicemente un genitore, questo libro ti sarà utile per prendere il controllo delle tue interazioni e migliorare le tue relazioni lavorative o personali...

Se vuoi saperne di più, puoi trovare "Linguaggio del Corpo" di Vincenzo Colombo su Amazon.it o nelle migliori librerie.

www.ingramcontent.com/pod-product-compliance
Lightning Source LLC
Chambersburg PA
CBHW030912080526
44589CB00010B/260